變態心理
實錄
（妄想形成篇）

思覺失調 × 雙相障礙 × 憂鬱症 × 焦慮障礙
24 則諮商手記，原生家庭如何「虐」出一個個生病的孩子？

【思覺失調】我覺得我身邊有「四個媽媽」
【邊緣人格】你對我好，我反而要對你不好
【憂鬱症】我的一生都在為了別人而活
【恐懼症】黑暗裡彷彿有什麼東西要吞噬我

刁慶紅 著
京師博仁 組編

「製造」一個精神異常的人，
至少需要三代人的「努力」
那些「有病」的互動模式，將「變態」基因刻劃進了後代內心──

目錄

目錄

第七章
其他障礙 ── 形形色色的心理障礙

後記：
親子互動和心理異常之間的關係

第一章

思覺失調症 —— 迷失在妄想中

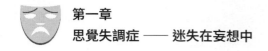
思覺失調症：我是否是多餘的人？

明朝菊，女，18 歲

兩年前，朝菊因為單相思失戀，出現幻聽，感覺有人和自己說話，但是說些什麼內容又不清楚；感覺學校裡所有人都對自己不好，在看自己，在對自己吐口水，所以她不願意和任何人來往，獨來獨往；生活變得懶散，不願意換衣服，不願意洗澡，在父母的督促下才知道吃飯、洗臉；經常自言自語，自哭自笑，做一些怪異的動作。別人問她，她卻說：我沒有啊！

父母放杯子的聲音大一點，朝菊就認為是父母朝自己發脾氣，不喜歡自己了，就說要「殺死父母」；在街上看到別人吐口水或者看了她一眼，就感覺別人是針對自己，說要「殺死別人」。

她常常感覺到自己身上綁著東西，活動不自在。

因為感覺到別人對自己不好，所以情緒常常低落。

去醫院住院，治療好轉後出院。出院以後按時服藥，病情控制良好，能夠正常生活讀書，與同學的關係恢復正常，課業成績優秀。

半年前，朝菊自行將藥物減量，尚能夠正常讀書和交友。但是，過了一段時間以後，朝菊無明顯誘因再次出現精神異常，主要表現為：總

是擔心自己成績不好，老師同學會嘲笑自己；走在大街上覺得所有人都會盯著自己看，自己的一舉一動大家都知道了；總覺得自己形象不好，覺得自己駝背了；經常一個人待在廁所照鏡子，但是怎麼也不喜歡鏡子中的那個自己，覺得周圍的人也不會喜歡這個自己。

如果有客人來了，她就躲在廁所裡面不出來，感覺自己不好意思見人。

她常常一個人自言自語，不停地告誡自己：「一定要變好。」生活再次變得懶散起來，不願意起床，不願意去上學。

朝菊覺得自己沒有思想，沒有思維，而別人都有，所以自己也很想有。但是怎樣才能擁有自己的思想，她卻一點辦法都沒有，於是很著急。

朝菊出生以後，1歲多的時候，父母就去了外地工作，很少回來。讀國小後，她和外公外婆生活，父母仍然很少回來。國中以後，父母回來了，但是朝菊的性格已經變得比較孤僻了。她常常在紙上寫自己是「孤兒」、「孤兒很悲哀」之類的話，有一次還寫下：「我是否是多餘的人？」

父母回來以後，和爺爺奶奶一個大家族的人一起生活，朝菊時常感到家庭氣氛很壓抑，每個人都不會表達自己的需求。有一次爸爸買回一些燒烤大排骨，每個人吃了一塊之後，還多出來兩塊，爸爸問還有沒有人吃，誰都不表達自己的意見，爸爸一怒之下，把剩下來的排骨丟了。

爸爸解決問題的方式是自虐，時常酗酒到什麼事情都不知道。

爸爸很好強，教育她做一個有用的人，對朝菊的成績期望很高，所以朝菊對成績的壓力感受比較強。

到國中的時候，她慢慢知道父母用心良苦。之前，父母一直給她一種家裡很窮的印象，但是後來她發現家裡其實很有錢，連自己的父母都不可以信任，自己還能夠信任誰呢？

　　每當自己倔強的時候，爸爸就會對其他家人說：「不要管她了！」然後就不再理睬自己，朝菊很害怕這樣。家人總說爸爸在外工作賺錢很辛苦，要她遷就著爸爸，所以她感到和爸爸在一起的時候相當緊張。

　　朝菊對爸爸的感情是又愛又恨。在整個家庭裡，她最喜歡的人是爸爸，最害怕的人也是爸爸。

　　朝菊生病以後，媽媽繼續在家鄉工作，爸爸則日夜陪伴她。

▌解析▌

　　這是一個被輾轉撫養的孩子的經歷。

　　這個孩子經歷了無數次被拋棄。首先是父母的離開，其次是離開爺爺奶奶，再次是離開外公外婆，重新回到自己的父母身邊。

　　重新回到父母的身邊之後，朝菊最喜歡的人是爸爸，但是爸爸的情感是不可觸摸和觸碰的。爸爸因為自己的脆弱，無法和這個分離了多年的女兒建立真實的連結，爸爸用自己幻想中的優秀女兒來要求朝菊，朝菊陷入一種進退兩難的境地。

　　在爸爸沒有回來之前，祖輩的人對她的功課其實還沒有多少要求，爸爸回來以後，成績似乎成為爸爸和女兒連接的一個籌碼，妳成績好，我就愛妳；妳成績不好，我的臉色就很難看。

　　思覺失調症（schizophrenia）患者身上有的那些東西，比如特別害怕別人瞧不起自己，敏感脆弱，害怕與人相處，害怕別人迫害自己，希望別人欣賞自己，鍾情於自己，這些東西正常人身上也是有的，區別只是一個度的問題。

　　精神病學家費爾貝恩（Ronald Fairbairn）這樣說，思覺失調症是把我們內心的那些病態放大了給我們看。的確，在精神患者身上，顯示出人

類共同懼怕的那些東西。

這些東西是什麼呢？說簡單一點就是人。思覺失調症患者是一個人，他害怕的永遠是同類，他和他們在一起會很緊張。而緊張的核心是擔心最親近的人沒有給他們的靈魂預留一個存在的位置。

於是，他們的心靈開始了異質化的裂變，什麼是人的異化呢？就是你的靈魂找不到回家的路了，你的靈魂沒有歸宿，因為沒有人認可你的靈魂。

說到底，就是這個人感受不到自己存在於這個世間的價值了，沒有一個人肯讓他感受到自己是重要的，沒有一個人認可他的存在。這個時候，這個人是必然要生病的，生病的程度輕重，取決於他消化和整合自身創傷的能力。

當一個人的自我價值感降低到某個數值以下的時候，這個人就會變得特別敏感脆弱，完全依賴於外界給他的評價。而且當那些評價到如同宣判他的生死一般嚴重的時候，這個人等於是以喪失自我為代價，試圖去換取關係。但是，所有以自我喪失為誘餌換取關係的，最終的結果都一定是失敗，因為這個人是空的，是換取不來任何關係的。所以，這個人在世間沒有存在的位置，精神生病就是這種狀況的一種反映和呈現。

我突然想起《令人討厭的松子的一生》中松子寫在石頭上的那句話——「生而為人，我很抱歉。」如果一個人對於自己的出生都感到懷疑的話，那麼，他在這個世間真的是無精神的立錐之地了。

父母放杯子的聲音大一點，朝菊就認為是父母發脾氣，不喜歡自己了，就說要「殺死父母」。在街上看到別人吐口水或者看了她一眼，就感覺別人是針對自己，就說要「殺死別人」。

這就是一種關係妄想，所有的敵意都是和自己相關，在她的妄想世

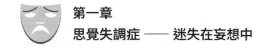
界裡，不再有主觀和客觀的區分，所有的主觀都是客觀，所有的客觀也就是主觀。在她的世界裡，世界對她都是有敵意的。

其實世界對她沒有敵意，但是在一個不斷地被輾轉撫養的孩子心裡，世界就是對自己有敵意的。因為這個世界不肯接納她，熟悉的環境一再地發生變遷，熟悉性格的人一再地發生改變，所以她覺得自己是一個不被熟悉的環境所接納的孩子。

所以她很想努力把功課學好，因為爸爸媽媽都喜歡她功課好，這似乎成為一個籌碼。通向他人認可的道路是如此艱辛，它是以孩子出賣自己所剩不多的精神資源為代價來換取的。孩子羸弱的身心不能夠再撐起走向這條路所需要的精神能力，比如注意力，比如記憶力，比如安心，比如集中的精神……孩子最終發現，自己沒有一條路可以走，於是，孩子分裂了……

她經常一個人躲在廁所照鏡子，但是怎麼也不喜歡鏡子中的那個自己，覺得周圍的人也不會喜歡這個自己。

她努力讀書，希望以這樣的方式和這個世界上她認為最重要的人發生好的連結，那是因為她很在乎他們在她生命中的存在。而如果這樣的存在本身就是岌岌可危的，那麼，當所有努力的結果最終都可能指向一個無望的結局的時候，孩子就只剩下絕望了。

精神障礙患者的撫養者，一般也是容易攜帶精神疾病因子的人，即便不是顯性的，也是隱性的。精神疾病具有家族的遺傳性，是因為這些父母，也同樣是由具有精神疾病因子的父母所撫養長大的，他們本身對情緒的承受能力都是比較脆弱的，他們能夠承擔孩子負面情緒的能力弱得可憐。

在朝菊這個個案裡，這裡的「父母」既包含她曾經所有的撫養者，

也包含她的爸爸。他們身上的某些脆弱的東西，無法提供支撐這個孩子成長的力量。

思覺失調症實際上是一個人嚴重的退化（regression），她退化到了她的口腔期（oral stage）階段，在那裡，身邊的人對她的愛的品質是有問題的。要麼是忽視，要麼是占有欲強的母親，就可能導致這個孩子無法從口腔期階段往前發展。

孩子在這個階段，也會努力地對身邊的人發出許多愛和依戀的訊息，但是環境中的人沒有接收到，或者接收到了而無法準確地解讀和回應。於是，孩子慢慢地收回了自己發出去的訊息，因為她覺得那些訊息是無用的，她的愛是低賤的；也因此，他們在自己的愛中找不到價值，他們也傾向於不再試圖發出這些訊息。因為每一次發出這樣的訊息都需要很大的力量和勇氣，而在早期，這樣的東西已經被「扼殺」掉了。

和人的交往終將變成一件很難的事情，因為人對於他們意味著傷害。有時候他們也需要「鏡子」，然後會試圖鼓起勇氣去和人發生連結，但是，連接時經常會啟動過往的創傷，讓他們一次又一次地退縮，躲進自己覺得安全的堡壘裡去。

最終，他們的精神出路就是只能關注自己的內心世界，他們對外界的一切不再感興趣，那是一個會讓他們覺得無比疲累的世界。和人打交道，如同國小生計算微積分一樣，是他們心智世界裡沒有發展起來的東西。

不願意洗澡，變得退縮，不願意再去關注自己在別人心目中是一個什麼樣的形象，這是思覺失調症患者放棄客體的最後表現。我們普通人還在乎自己的形象，是因為我們和這個世界上的人還有連結，我們在乎別人會怎麼看我們，希望自己在別人心目中留下好的印象；而對於思覺

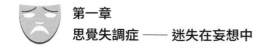
失調症患者，如果許多努力都失敗了，他們就連這樣最基本的幻想都放棄了。

而在這之前，他們努力的程度雖然在我們看來還是不夠的，但是相對於他們曾經受到的創傷，以他們的心理能量來說，他們所做的那些努力是彌足珍貴的。

▊思覺失調症患者的妄想▊

雖然思覺失調症患者的妄想有許多種類，但是這些種類歸結起來，其實只有一種，就是關係妄想。

- ✎ 關係妄想：就是患者把實際和他無關的事情，認為和他本人有關。
- ✎ 被害妄想：提示的是患者早期經歷中的撫養者很糟糕，常常在情感上或精神上虐待患者。所以患者容易覺得整個世界的人都是在針對他，環境是壞的，是因為我是壞的，好像他自己是萬惡不赦的一樣。
- ✎ 特殊意義妄想：也是關係妄想，周圍人的言行、普通的舉動，所有的一切都是有含義的，並且同樣是針對自己的。
- ✎ 物理影響妄想：患者認為自己的思維、情感、意志行為活動受到外界某種力量的支配、控制和操縱，比如雷射、紅外線等，患者無法自主，所以叫物理影響妄想。這其實也是一種關係妄想，和早期患者被母親看作是自己的一個部分的延伸，而不是被當作一個獨立於母親的孩子來看待有關。
- ✎ 誇大妄想：患者誇大自己的財富、地位、能力、權力等。這同樣是關係妄想，因為患者在誇大自己所擁有的這一切東西的時候，是希望獲得別人對自己的尊重和關注。

✎ 自罪妄想：患者毫無根據地認為自己犯了嚴重的錯誤和罪行，甚至認為自己罪大惡極，死有餘辜，應受懲罰。這其實也是關係妄想，患者覺得自己是一個壞人，自己給出的「愛」是壞的，是想毀掉別人的，所以在妄想中覺得自己罪大惡極。

✎ 慮病妄想：患者毫無根據地堅信自己患了某種嚴重的軀體疾病或不治之症，即使透過一系列的詳細檢查和多次反覆的醫學驗證，都不能糾正其歪曲的信念。這同樣是一種關係妄想，因為沒有一個愛的客體的支持，患者的存在是虛無的，所以患者容易感受到軀體的不存在感或者腐壞感。

✎ 嫉妒妄想：患者堅信配偶對其不忠，有外遇。這當然是一種關係妄想，因為認為自己是不可愛的，沒有價值的，自己都不愛自己，配偶怎麼會來愛自己呢？所以，配偶肯定是對別人更感興趣。

✎ 被鍾情妄想：患者毫無根據地堅信一個異性愛上了自己。這也是關係妄想。

✎ 內心被揭露感：又叫被洞悉感，自己想的什麼，不用說出來，別人也是知道的。這也是關係妄想。

　　在這些妄想裡面，都涉及患者脆弱的自尊心受損後的過度防禦。

　　在思覺失調症患者的早期生活裡，患者一般是不被當作一個獨立的人來看待的，患者會經歷被吞噬一樣的愛。還有可能是患者被當作一種多餘的存在，然後被撫養者忽視。所以，在關係妄想中，患者認為一切都是和自己有關，這是一種自我中心，但是患者感受到的又多是負面的關注。

　　在這 10 種妄想之中，大多數都是環境是壞的，自己也是壞的，是

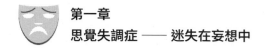
不應該存在的，是被環境所迫害的。只有兩種妄想是對脆弱的自體的補償，即誇大妄想和被鍾情妄想，在這兩種妄想之中，個體自己是好的，環境也是好的，自己是受到周圍環境的接納與喜愛的。

所以，思覺失調症的個體是一個天才的創造者，他創造了一個世界，他生活在與那個世界的對話裡。

思覺失調症的個體是想和這個世界發生關係的，這 10 種關係妄想無一不說明了這一點。但是由於早期的關係的範本太糟糕、太失敗了，以至於這個條件反射形成得太牢固了，後來所有的人際關係都沒有辦法彌補早期糟糕的母嬰關係。所以他妄想出來一個世界，在那個世界裡，真實等於妄想，妄想等於真實。

其實，思覺失調症的妄想就是他的真實。只是那個世界，我們進不去，他出不來。

▌諮商師心理的建議▌

◆ 減輕患者的病恥感和焦慮情緒

進行一些心理健康的輔導，比如告訴他：「每個人都有可能在生命的某個階段出現心理問題，有心理問題的人並不比別人低一等。這個世界上最具有創造性的人，通常都是有心理問題的人。」「遇到壓力事件的時候，一些正常的人都可能會出現幻覺或者妄想的，幻覺和妄想並沒有什麼可怕的。」……

◆ 學會和自己的幻聽對話

告訴自己：「幻聽中指責我的內容都不是事實，我沒有他說的那麼笨，我沒有犯那個導致家庭災難的錯，不是我的錯……」

◆ 運用認知行為療法重新解讀針對妄想

　　患者一般傾向於把周圍的人發出的某種聲音看作是在針對自己，比如周圍的人放杯子的聲音重了。這個時候，可以重新來和患者一起探討別人這樣做的原因，有可能是因為不小心，有可能是因為杯子底剛好碰到會發出清脆聲音的介質……還可以請患者找機會主動聯繫他認為是故意針對自己的人，看看別人在後續的反應裡是否真的針對他……

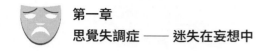
思覺失調症：有「四個」媽媽的孩子

雲朵，女，21歲，大學三年級學生

媽媽生下我之後，曾經罹患產後憂鬱症，所以外婆撫養了我半年多之後，才將我交還給媽媽。

爸爸媽媽感情不太好，媽媽時常在我面前說爸爸的壞話，所以我從小就和爸爸不親。在媽媽的世界裡，爸爸如同不存在一樣；在我的世界裡，爸爸也同樣如此。

爸爸和媽媽的感情時常很緊張，媽媽對爸爸一肚子的怨氣，沒有地方發洩，就常常對我橫加指責。但是，媽媽心情好的時候，對我又是極度寵愛，甚至溺愛的。她把我保護到無微不至的地步，所以我很想我的成績好，來回報她。但是，我有壓力的時候，就希望媽媽不要對我那麼好。

媽媽喜歡拿我和別人家的孩子做比較，嘮叨我：妳看看別人家的孩子，成績那麼好，妳看看妳。

其實，我從小到大，成績都沒有低過年級的前三名。但是媽媽覺得不能表揚我，好像表揚我之後，我就會安於現狀，就會墮落一樣。

上高中的時候，我才知道爸爸其實是一個很有能耐的人，不像媽媽

描述的那樣十惡不赦，爸爸會開車，會賺錢，還會吹笛子，而媽媽卻很無能。看不慣媽媽總是去討好爸爸的樣子，原來以前媽媽總是在我面前說爸爸的壞話，是想讓我和爸爸變得生分，然後她去獲得爸爸的青睞。

高中二年級的時候我喜歡上前男友，並且和他發生了性關係，後來我才知道，媽媽有偷看我日記的習慣。媽媽知道這件事情以後，聲嘶力竭地反對，並且幾乎到要和我翻臉的地步。那一段時間的折騰之後，我的成績開始下滑，我感覺到很恐慌，因為感覺到媽媽的愛似乎就要消失了。

後來我勉強考上一所很普通的大學，這大大出乎媽媽的預料。但是我看到她也努力地讓自己接受了「我並不是她想像中那麼優秀的女兒」的事實。

大學二年級上學期，我認識一個男孩，並且喜歡上了他，他非常優秀，這加重了我的自卑感。他可能有戀母情結，因為我也有戀母情結；他可能有妄想症，因為我也有妄想症，妄想自己絕頂聰明，不是希望，是堅信。但是實際上我很笨，我怎麼努力也無法做到我想像的那麼聰明。

我一直覺得那個男孩是喜歡我的，直到我看到他和一個女孩在校園裡接吻，我才知道他背叛了我，我的自尊心似乎受不了了，我又開始了許多的妄想……

我感覺周圍的人都在看我，並且都在說我是一個不知廉恥的女孩；我走到哪裡，都有人在跟蹤我；我心裡想的事情，別人都知道。

看見任何男的，我的下體就有反應，幻想和他發生關係，獲得自尊和滿足。

看到男性，我的大腿就有動作，好像在給他暗示，我在性方面很厲害，但是又覺得自己很壞。

某一天，我在我的日記裡寫道：

我很虛弱，我的身體支撐不了我的大腦，在我的大腦裡，常常是很複雜的意象。

我頭腦裡，怎麼會有四個媽媽呢？

一個是把我當成嬰兒，讓我可以全然地依賴著的媽媽。

一個是總是在監督著我，讓我連呼吸都很困難的、阻礙我獨立的媽媽，我想把她捏成肉醬。

一個是過度理智和疏遠我的媽媽，我好害怕這個媽媽和我沒有一點點的連結。

一個是很脆弱的、總是被爸爸欺負的媽媽，讓我很想去保護她，我懷疑我有戀母情結。

依賴媽媽和保護媽媽，我不得不分裂，我感到我好矛盾。

難道她既想在我面前表現出強大，同時又散發出嬰兒般的無助，讓我不得不成為幻想中的強者，才能去給她無盡的庇護？

時刻監督著我的那個媽媽，和我完全黏連在一起，如同我的一個影子，但是我想獨自奔跑，卻發現我甩不開自己的影子。

監督的媽媽離我很近，太近太近，以至於我分不清誰是她，誰是我。然後看全天下的人，怎麼都好像是在監督我呢？

過度理智的那個媽媽，她從來不能體察我的心思，所以我常常幻想我的心事即便不說出來別人也是知道的，但這個媽媽離我很遙遠。理智的媽媽離我太遠，以至於我連自己的鏡子都丟掉了，我沒有辦法看到自己。

四個矛盾的媽媽，要我的大腦來整合，太虛妄。我把一盒彩色水筆潑在媽媽的素描畫像上，色彩絢麗的光暈，讓我驚詫。

　　媽媽後來再也不在我面前哭訴爸爸對她怎麼不好了，可能她知道我承受不起她的痛苦吧。

　　生病的時候，我晚上常常無法入睡，媽媽如果去上廁所，我就會覺得一個人待著很害怕，也要跟著媽媽去廁所。

▌解析▐

　　患者覺得自己有雙重人格，一重非常依賴母親，一重非常獨立，恨媽媽和自己黏成一個人，讓自己沒有獨立存活的空間。

　　思覺失調症的媽媽是會傳遞給孩子這樣互相矛盾的訊息，這就是葛雷格里·貝特森（Gregory Bateson）提出的「雙重束縛」（double bind）。雲朵的媽媽一方面很「堅強」，可以「排除」掉自己的丈夫，進入她們母女的二人空間之中，讓雲朵完全感覺不到爸爸的存在。另外一方面，媽媽又要在孩子面前訴說自己在婚姻中的痛苦，這似乎暗示了媽媽是需要爸爸在她的生命裡有互動的，只是因為得不到而痛苦。

　　所以孩子會陷入兩難境地，是幫助媽媽呢，還是看著媽媽痛苦而無動於衷？幫助媽媽的方式似乎是讓自己功課好，因為這樣媽媽會很開心，但是提高成績是一件自己喜歡做才能做好的事情，如果有太多干擾的聲音，反而無法進行下去。看著媽媽的痛苦無動於衷，孩子會覺得自己無法去報答媽媽，所以，孩子以思覺失調的形式來回應媽媽給予她的矛盾訊息。

　　思覺失調症的形成，一般來說是三代「努力」之後的一個結果。

　　在雲朵的媽媽那裡，就有一個精神病性的人格結構。我的這個聯想是從雲朵寫的那篇日記裡感受到的。

　　精神病性的人格結構是什麼呢？就是主體和客體不能分化，自己是

別人，別人也是自己。所以媽媽會覺得看雲朵的日記沒有侵犯別人隱私權的感覺，那彷彿就是在看另外一個自己的東西一樣自然。

還有就是排除掉丈夫在家庭中的位置，因為這可以滿足一個全能自己的幻想，並且把這樣的幻想傳遞給女兒。精神病性人格結構的媽媽一般都是生活在全能幻想之中，因為這樣的全能幻想可以掩蓋內在的、真正的自卑。

她們的孩子一般很難進入性蕾期（phallic stage），因為在前性蕾期，全能媽媽就把父親的位置從孩子的心靈世界給抹去了，在缺乏父親介入的家庭生活裡，媽媽就把孩子的性別認同的機會給「幹掉」了。所以她們的孩子對於自己的性別角色的認同往往是模糊的。

但凡在一個家庭之中，父親不能對母親和孩子在情感上的黏連說「不」，在母親和孩子的連接過度緊密的情況下，孩子都很容易罹患精神疾病。因為這樣的媽媽對孩子的「吞噬」性和「包裹」性，往往使得孩子無法擁有自己獨立的精神結構，孩子的精神結構容易被一個全能媽媽「綁架」。

一個無法獨立出來的精神結構，很容易發生「分裂」，因為他從彼者的眼睛裡看不到自己的存在。一個看不到自己存在的人，自我價值感會低到塵埃裡去，為了掩蓋自我價值感的低下所帶來的生存恐懼，他會發展出一系列的幻覺和妄想來抵禦這樣的「危機」。

媽媽因為對環境缺乏掌控會導致不安全感，所以試圖去掌控女兒的一切，包括女兒的日記、女兒的思想。一個被媽媽過度侵凌的孩子，走到哪裡都會覺得有人在監視她的一言一行，這其實是對來自媽媽的缺乏主體和客體的區分的反映。

一個缺乏來自母親真正關心的孩子，會幻想出周圍的人都很關心

他，喜歡他，這就是鍾情妄想的來源。雲朵在大學裡幻想那個男生很喜歡自己，其實是被鍾情的妄想症。

一個不能依靠自己的力量獲得對自己的喜歡的孩子，會幻想透過和異性的性交獲得尊重與力量感。

雲朵完全不能區分什麼是自己的想法，什麼是環境中別人的想法，她認為她喜歡的那個男孩「他可能有戀母情結，因為我也有戀母情結；他可能有妄想症，因為我也有妄想症」。這就是思覺失調症患者固著（fixierung）在母嬰共生期，主體和客體完全無法區分的表現。

他們在早期所受到的創傷太嚴重了，所以無法發展出來一個自我的內核，既然沒有自我，那當然也就沒有他人了。因為自我的存在是和他人對應的。

早期被媽媽過度溺愛的孩子，是沒有辦法形成核心自我的。假如媽媽愛孩子是把孩子當作自己的一部分來愛的話，就更是如此。孩子會感到媽媽很愛自己，但是卻感受不到自己得到了真正的愛，不得不機械地形成「自己虧欠媽媽許多，得殺身成仁去回報媽媽的愛才能贖罪」一般的感覺。

什麼叫做「媽媽是把孩子當成自己的一部分」來愛呢？舉個簡單的例子，就是「有一種冷叫做媽媽覺得你冷，有一種喜歡叫做媽媽覺得你喜歡」。孩子所有的感受都被媽媽的感受所替代，然後媽媽讓孩子感受到，「我這麼做是因為我很愛你」，而孩子卻不能因為得到了這種愛而形成相應的高水準自尊。

這種情形不是很多很多嗎？為什麼偏偏雲朵就成為思覺失調症，而其他孩子有可能是憂鬱症或者焦慮症，甚至是正常人呢？

任何精神疾病都和個體獨特的神經系統相關，比如易感性、脆弱性、敏感性等因素，和個體獨特的成長經歷結合之後造成一個結果。所

以並不是類似的互動模式就一定會導致同樣的病理結構。

生病的時候，雲朵晚上常常無法入睡，媽媽如果去上廁所，她就會覺得一個人待著很害怕，也要跟著媽媽去廁所。這句話描述的是一個內心世界分裂的孩子所必然面臨的存在性恐慌。媽媽雖然是她的一面哈哈鏡，讓她無法辨識出自己的真實模樣，但是，有這面鏡子，總是好過連這面鏡子都沒有，自己完全看不到自己的存在。

按照費爾貝恩的說法，思覺失調其實是一切精神病理的基礎，也就是說，我們每個人身上或多或少都帶有一些分裂的痕跡，比如在趨避衝突，或者雙重趨避衝突裡面；比如在夢裡面，每個人都會經歷自己的分裂。再比如自我和超我這對組合本身也在提示：人都是分裂的。

雲朵的分裂是從愛媽媽還是恨媽媽開始的。媽媽如果把她當成是部分客體，她也會把自己當成部分客體，也會把環境中的人知覺為部分客體。這樣，人自己在被自己異化，也在把他人異化，分裂由此發端。

▍為何敏感的人易患精神疾病？ ▍

當一個來訪者對我說，「我很在意別人對我的評價，而且是過分敏感」，這個時候，我會去觀察他說的這句話和他的精神疾病之間的關係。最後，我得出一個結論，一個人在乎他人對自己的評價的程度，和他罹患心理疾病嚴重的程度是呈正相關的。

也就是說，越是在意他人對自己的評價的人，所罹患的心理疾病越是嚴重。但是，這句話不能反過來說，越是不在意他人對自己的評價的人，心理就越健康。

「越是在意他人對自己的評價的人，所罹患的心理疾病越是嚴重」，這句話也有一個例外。那就是反社會人格障礙患者，他們所罹患的心理

疾病還是足夠嚴重，但是他們好像並不是那麼在意別人對自己的評價。

最嚴重的心理疾病，當然就是思覺失調症了。而我們知道，思覺失調症的內部沒有一個完整的客體，或者說，和客體沒有完全分離。既然是這樣，客體的評價為什麼還是能夠對他們的情感世界擁有生殺予奪的權力呢？

被思覺失調症患者所不屑和貶低的那個客體世界的態度，其實是思覺失調症患者最在乎的，一個人只有對特別在乎的事情，而那件事情又是不可掌控的時候，才特別需要貶低那件事情對自己的重要性。

所以，思覺失調症的那 10 種妄想裡，無一不是對關係的妄想，無一不是對關係中的人會不會排斥自己，迫害自己，輕視自己，否定自己，或者反過來，會不會特別地誇讚自己，覺得自己很了不起，或者鍾情於自己等等的妄想。

面對這 10 種妄想，我彷彿看到一個個的思覺失調症患者窺視著他身邊最重要的人的臉色，想從那一張張不可捉摸的臉上看到他們對自己的評價，是會接納自己呢，還是不會接納自己呢？這樣一個個忐忑不安的、關於存在的叩問的眼神，決定著思覺失調症患者在這個人世間是一個被人所關心的靈魂，還是一個被人所唾棄以及遺棄的靈魂。

在思覺失調症以下，邊緣型人格障礙患者就是一種典型的、自尊心受損的、類似創傷後壓力症一樣過分在乎他人對自己的評價與看法，並且常常生活在別人要拋棄和遺棄自己的幻想之中，因此做出過激反應的一類人。

自戀型人格障礙同樣過分地在乎別人對自己的評價，別人的每一個評價或者眼神，都可以決定他們一整天的心情，甚至一個月或者更長時間的心情。

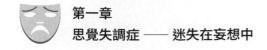
其他人格障礙亦復如是，只是程度和表現形式的區別而已。

精神官能症患者同樣如此，所有精神官能症患者的衝突都涉及愛的獲得和自我的喪失，以及要堅持自我就有可能失去被愛資格的衝突。通常情況下，我們會把這個衝突命名為道德上的衝突。但是在心理諮商裡面，我們可能會繞過道德去看患者的內心衝突，最後，我們看到的就是關於被愛和堅持自我就有可能喪失愛之間的衝突。

所以，他人的評價和眼神，是一切精神疾病內在的決定因素。

一個人特別在意他人的評價和眼神，說明他早期的生存環境是糟糕的、不安全的，撫養者對他的情感態度是不穩定的，所以他會神經質地防禦後來生活中的人會不會和早期的那個重要的人一樣，能不能接納他，會不會接納他。這樣一種可憐的態度決定了這個人在人際交往中的過分小心和過度防禦，最後反而會換來周圍的人都如他所防禦的那樣對待他。

一個人特別在意他人的評價和眼神，說明這個人沒有機會形成核心自體，不得不仰賴於環境中的客體繼續為他發揮「鏡子」的功能。這個時候，環境成為他的自我功能的一個延伸，環境成為他的自我的一部分。

▌諮商心理師的建議▌

✎ 在間歇期努力參加社會活動。

✎ 發展自己的才能和技巧。

✎ 在專業人士的幫助下訓練自己的社交技巧。

思覺失調症：我可以像小鳥一樣飛出去嗎？

徐佳華，男，20歲，大學二年級學生

父母都是中學教師，他們都曾經在我的功課上管教很嚴厲。但是陪伴我的時間並不多，他們在乎他們學生的程度比在乎我的程度高很多。

他們要的只是我的成績這個結果，似乎我是他們的孩子，成績就應該很好。到後來我厭學了，媽媽甚至把我弄到她自己教的那個班上去了。我不得不天天在媽媽的眼皮底下過日子，我活得並不輕鬆，在這樣緊張的狀態下，我的成績怎麼可能好得起來呢？

學測的時候沒有發揮好，所以進了一所私立大學。我自己並不是很喜歡這間學校，開學以後，也並不想認真讀書，後來乾脆退學在家裡，把自己關在家裡，每天上網打遊戲。我不想出門，也不想見任何人，父母和我說話，我眼睛都是不看他們的。我也不想洗澡和照鏡子，自己是個什麼樣子，我根本不在乎，每一頓飯，都是父母來催促，我才會勉強吃上一點。我覺得生活毫無意義，我彷彿置身於一片沙漠之中，看不到綠洲，也看不到走出去的方向。

有時候，我又覺得我置身在迷霧一般的森林裡面，森林裡很黑暗，我依然不知道要往哪裡走。

後來我父母送我去醫院住院，醫生診斷為「思覺失調症」。但是我覺得我沒有病，也不想好好吃藥。

曾經，媽媽介紹了一名基督教的牧師給我認識，牧師給了我許多的開導，但是我覺得牧師是在挖取我的價值，並不是真心對我好。但是我又離不開他，我在獨立和依賴之間一直都很糾結。

吃藥以後有一段時間，我可以去正常上班了，然後上網投履歷，收到了 offer 的通知。爸爸明明知道我過幾天要去上班了，還是對我說一些話來逼迫我去上班，好像是我不想上班一樣的，好像我在家裡是一個廢物，只會白吃白喝一樣。我對爸爸的話很反感，他能夠把我自己想要積極主動地去做一件事情的快樂，變成是被他督促以後被動去做的那樣悲哀。

上班的幾天後，我跟媽媽說我們公司要求自費體檢，媽媽就替我聯繫好體檢的醫院，然後讓我必須在某個時間去那家醫院。我對母親這樣的做法，向來都很反感，我覺得被她規定好的事情，必須要按照她的要求去做的那種感覺，會讓我很抓狂。

總是感覺自己在父母的世界和牧師的世界裡繞轉，感覺他們在控制我和利用我，把我的價值榨取完了之後，他們都會拋棄我。我想擺脫他們的控制，但是我發現很難。

父母管我的現在，牧師管我的將來，但是這都不是我想要的，我好像站在十字路口的中央，不知該往哪裡走。我心中時常會感覺到很空很空，我努力地想去抓一點東西來塞滿那個空洞，但是我覺得沒有東西可以填滿我。

在公司上班不久，因為我看了別人，所以感到那個人會報復我，會傷害我，所以我辭職又回到家裡，回到被父母鄙夷的地方。

某天，我問父母：「你們是愛我的，還是害我的……」然後我開始冷笑起來，好像自己知道這個答案，只是故意去問他們的。

後來又覺得自己心裡想的，不說出來，父母也是知道的。如同我在讀國中的時候，媽媽是我的班導師，我有時候犯一點小錯誤，都會有同學去報告給她，我完全逃不脫她的火眼金睛一樣。

某天，一個高中同學來找我聊天，同學走了以後，回想聊天過程，我感覺同學來找我談話的內容都好像是父母安排好的。甚至我之前找的那份工作，現在想起來，也可能是我父母去找了人家，所以人家才會要我的。在其他許多事情上，我都能嗅到父母搞過「動作」的痕跡。

他們為什麼那麼喜歡安排我的生活呢？他們如同一張密布的蜘蛛網，而我就是那張網上的被捉到的小昆蟲。

父母對我說的很多話，和我感覺到的真相不一致，他們在誤導我。所以我常常活在懷疑裡，我一直懷疑他們不是我的親生父母。

我始終覺得父母在處心積慮地等待我再次發病，然後送我去醫院，我認為父母對我過於嚴格的管束是在榨取我的價值，有時候又覺得父母對我太溺愛是在害我。

前幾天爸爸又來開導我，拿出他做公民老師的一整套理論來跟我說話，我一聽那些超級理智的話語就想打他，但是我不敢。最後，我憋氣也憋不住了，就開始砸家裡的東西，我想砸電視機，被爸爸攔下了；我砸手機的時候，爸爸沒有看見，然後，我把他買給我的最新款的 iPhone 砸了個稀巴爛。

時常會覺得自己心如刀絞，活著難受，有時候我腦袋裡會浮現出我像小鳥一樣從頂樓飛下去……

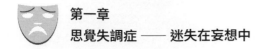
▊解析▊

　　這個個案的母親是一個缺乏邊界的媽媽，當孩子的成績不如意的時候，她甚至把孩子弄到自己所教的班級來，然後，這個孩子白天黑夜都不再有屬於自己的空間。思覺失調症患者常見的被監視感、被追蹤感、自我懷疑是孩子和父母無法在心理上完成分離的殘留物。

　　當媽媽太全能的時候，這個孩子就完全籠罩在媽媽的監督、控制和管理的陰影之下，孩子的心靈世界沒有辦法去分辨，媽媽是對自己好呢，還是在戕害自己。所以，孩子在思覺失調以後的幻想世界裡，其實是在反映同質的內容。

　　在醫院的檔案記錄上，這個孩子是沒有家族病史的。但是，我常常覺得孩子有沒有家族史真的不重要，因為每一個精神疾病患者都可以被認為是有家族史的。製造一個思覺失調的孩子，必然有一個精神病性人格的父母，他們沒有明顯的思覺失調症的陽性症狀，他們的社會功能甚至還相對完好，但是，他們卻有著精神病性的人格結構。

　　思覺失調症和精神病性的人格結構的區別在哪裡呢？

　　思覺失調症是一種以思維、知覺、情感嚴重失調，舉止異常和社會性退縮為特徵的精神病。它以精神活動的不協調或脫離現實為特徵。患者通常意識清晰，智商多完好，卻出現某些認知功能的異常，比如幻覺、妄想等等。

　　而精神病性的人格結構的範圍則要廣泛得多，也可以把他們稱為「隱匿性的思覺失調症」，或隱匿性精神病。他們沒有明顯的幻覺和妄想，但是人格結構明顯異常，單純用思覺失調人格障礙症（schizotypal personality disorder, STPD）或孤僻型人格障礙症（schizoid personality disorder, ScPD）也不足以描述這類人的人格結構。所以我把他們歸類到精

神病性的人格結構之中，當然，叫做精神病性的人格障礙，其實也是可以的。

具體的表現有這些：

（1）他們無法和別人有真正的交流，對方會發現，和他們交流很困難，他們生活在自己的世界裡。他們也許會很熱切地和人交流，但是你會發現，他永遠都在自說自話，對方的話很難進入他們的內心，他們其實也不願意進入對方的話語裡，去聆聽對方在說些什麼。

但是，這並不排除他和其他親人的關係裡充滿了吞噬與被吞噬的關係，對方只是作為他實現自己的自我價值感的工具而存在的。所以同樣是沒有真正的關係，只是一種利用與被利用的關係。

（2）他們對人缺乏真正的感情，只是一種形式上需要的偽裝，他們對於分離缺乏真正痛苦的體驗。

（3）他們嚴重缺乏邊界感，把別人的事情當成是自己的事情，肆意進入別人的私人領地，毫不考慮別人喜不喜歡。他們喜歡了解別人的心思和細節，然後自己會感到安全。

（4）他們身上有許多強迫症症狀，但是他們並不反強迫，所以可以考慮是強迫性的人格合併在精神病性的人格狀態裡。

（5）性情急躁，缺乏延遲滿足的能力，什麼事情只要自己想到，就一定要及時去做。彷彿延遲之後，情形就不在自己控制範疇裡了。

（6）喜歡不停地吃東西，或者不停地嘮叨。

（7）習慣性地貶低別人，嘲笑別人，彷彿自己擁有很強大的能力。

周圍人和他們生活在一起非常的痛苦，但是又不明白和他們的關係裡究竟發生了什麼，只是可以感覺到無法和這樣的人正常相處。

徐佳華的媽媽，從他的描述中看，很類似於這樣的精神病性的人格

結構。在兒子成績下滑的時候，媽媽會迫不及待地跳出來，把他弄到自己的班上，然後可以 24 小時監控他。

這樣的媽媽在孩子讀中學的時候是這樣的性格，在孩子小的時候，一般情況下也是同樣的性格；這樣的孩子就會在獨立和依賴之間很糾結，如果對媽媽過度依賴，有可能就找不到自己了。但是，每一次的獨立都會遭到媽媽的反對，因為媽媽喜歡的就是聽話的小綿羊。

思覺失調症患者為什麼傾向於貶低別人？

雖然在思覺失調症患者的妄想中，通常都是對於自己會被別人貶低的一種防禦性質的妄想，但是在他們的內部世界裡，他們採取的都是低估環境中別人的存在對他而言的重要性。

在費爾貝恩的理論中，具有思覺失調傾向的個體所具有的指向部分客體的傾向，在很大程度上是由於在口腔期之後的童年階段，他們與父母，尤其是母親之間不滿意的情感關係所導致的退化現象。特別容易引發這種退化的母親是那些不能透過自己自發和真實的情感表達，使孩子相信她把他作為一個人來愛的母親。占有欲強和漠不關心的母親都屬於這一類。可能最壞的就是將這兩種特點結合於一身的母親，例如一個深愛著她的獨子但又決定在任何情況下絕不溺愛他的母親。母親無法使孩子確信她真正把他作為一個人來愛，就使得孩子很難保持與她之間的以人為基礎的情感關係。其結果就是為了簡化這種情境，孩子往往會退化地回到更早、更簡單的關係，重現與作為部分客體的母親乳房的關係。

費爾貝恩認為，可以將這種類型的退化過程描述為客體的去人格化。退化的目的是為了簡化關係，而且它採取了用身體接觸來代替情感接觸的形式，所以又可以被描述為客體關係的去情感化。

這是從客體關係理論的角度來看待思覺失調症患者為什麼具有貶低客體的傾向。

從臨床的實際出發，我發現思覺失調症患者和主要撫養者的關係背後，一般都經歷了諸如被拋棄，被輾轉撫養，被情感虐待的經歷。這些經歷讓他們的自我價值感無法正常地發展起來，自我價值感無法正常發展起來的個體，在形成核心自體的過程中會遭遇極大的困難。

而自我價值感是在社會比較的過程中產生的，所以，個體為了抵禦真實的和幻想中的環境對自己的貶低和否定，他會傾向於自動地去貶低和否定環境的存在對自己的重要性。因為他很清楚地知道，自己無法依賴於這個不知道能不能穩定地提供情感支持的環境。

一個能夠為個體提供穩定的情感支持的環境，會讓個體獲得穩定的、被愛的感覺，形成穩定的自尊心系統；而一個不能為個體提供穩定的情感支持的環境，個體最開始會對這個環境充滿了期待與期盼，隨著一次又一次的失望，個體會覺得繼續仰賴於環境為他提供情感支持是一件令人羞愧的事情，而貶低環境對自己的情感支持的重要性，就成為個體的心靈結構中次發性的衍生物。

這個環境指的就是個體生長發育期間一系列提供母親功能的人，有時候也包含幼稚園老師在內，如果某一個老師在一個幼兒的心理發展中的重要性足夠大的話。

所以思覺失調症的個體傾向於低估身邊的人的價值和重要性，他們不能把別人看得太重要了。否則，在他們預估周圍的人隨時可能撤回對他們的愛與關心的情境下，他們脆弱的自尊心系統無法再次承受這樣的打擊。

所以，貶低別人依然是思覺失調症患者的防禦機制裡很重要的一種工具。

　　還有，高估別人意味著個體有可能把自己的某一部分情感交付給被自己高估的那個人，而對一個思覺失調症患者來說，把自己的情感交付給一個人是一件冒險的事情。所以，在這個問題上，他寧願選擇貶低環境，錯過一個可以把自己的情感交付給他的人，也不願意讓自己的情感在想要交付出去的時候，因為被拒絕或者被忽視而再次蒙羞。

▌諮商心理師的建議▌

　　我們可以把思覺失調症的症狀「正常化」。

　　思覺失調症是人類的所有心理疾病的基礎性病理，其他任何心理疾病，都只是在思覺失調症的各種症狀上的一種程度差異性的表現，所以，沒有必要把思覺失調症患者異質化，他們可以帶著疾病生存。我們可以把他們的症狀正常化。瑞士精神病學家榮格（Carl Gustav Jung）就是一個思覺失調症患者，他一生都帶著思覺失調症的各種症狀在工作，並且成為全世界數一數二的心理學家。

　　數學家奈許（John Forbes Nash Jr.）也是一直帶著幻覺和妄想在工作，並且獲得了諾貝爾獎。電影《美麗境界》（*A Beautiful Mind*）演繹了他的人生故事。

　　梵谷也是一位精神病患者，在進入精神病性的狀態之中時，世間所有的束縛都被拋開了，他內心斑斕的色彩才可以盡情呈現。所以我們才可以看到一個不一樣的世界。

　　許多天才的藝術家都是思覺失調症患者或者是帶有隱匿性的精神病性人格結構的人。但是，他們的創造性也為我們的社會增添了無數的色彩。

　　所以，不要把幻覺和妄想看得很另類。幻覺就是潛意識裡隱藏不住的東西迸發出來了，妄想就是希望和這個世界有連結，只是方式有一些奇特。

慮病妄想：我堅信自己患了愛滋病

林和陽，男，29歲，碩士畢業，公務員

半年前，他和一群朋友一起出去喝酒，酒後，他們都嚷著要去找小姐，他一聽，頭就有點暈，他和妻子感情很好，兒子剛剛兩歲，他不想做對不起妻子的事情。但是，一個朋友說，你小孩這麼大了，怎麼還跟個孩子似的，那麼膽小，你不讓妻子知道就可以了嘛！就這樣，他帶著忐忑不安的心情和一個小姐發生了性關係。一方面他很緊張，因為若按照他的性格，是不可能做出這樣的事情來的，但是另一方面，突破性格中某些東西的刺激又讓他感覺到了興奮。

事情過後，他開始陷入緊張擔心的情緒之中，害怕自己患病，摸到腋窩淋巴結腫大後，堅信自己已經感染了愛滋病。後來他上網查閱了許多資料，和自己的症狀對比，反覆到本地和外地不同的醫院進行相關的檢查，平均每個星期一次，結果都是陰性。但是這不能打消他的疑慮，他覺得自己身上潛藏著的愛滋病病毒是一種很特殊的病毒，目前的醫學檢測儀器有可能漏檢。

漸漸地，他出現情緒低落，興趣減退，大腦反應變慢的情況。他不再喜歡說話，妻子和父母很關切地詢問他怎麼啦，他還是不想和他們說話。

他已經幾個月沒有和妻子做愛了，雖然在最開始的時候，偶爾還是會有性衝動，但他馬上就抑制住了，因為他不想把這可恨的 HIV 病毒傳染給妻子。妻子是一個美麗清純善良的女孩，是他喜歡的那種類型。如果有一天他死了，他真的希望她帶著兒子改嫁，再也不要遇到像他這麼倒楣的男人了。

有一天他對妻子說出了實情，妻子聽了有點詫異。從小到大，他都是父母以及周圍人公認的老實巴交、誠實善良的孩子，也是公認的好丈夫。她可能也無法相信，才剛剛結婚 3 年多，他們都還處在激情燃燒、每日都如同新婚宴爾一般甜蜜的婚姻生活裡，他為什麼要去做這樣的事情呢？

但是，妻子沒有責怪他，一句話都沒有責怪他，他看到她很難過，眼睛裡有淚光在閃爍，但是，她很努力地把淚水隱藏起來。很快，妻子就緊緊地抱住他，這個時候，她一句話也沒有說，但是她擁抱他的力度裡面有原諒，有安撫……

但是這對他依然沒有用，他已經沒有辦法去上班了，他跟單位請了長假，在國內外的頂尖醫院繼續做各種檢查……

他做這些檢查的費用以及路費，已經把他們小家庭僅有的積蓄花光了。父母都是退休教師，退休金也不高，但是，父母依然把他們的積蓄全部拿了出來。

家人不是沒有跟他吵架，父母和他吵了無數次架，說他簡直是莫名其妙，明明沒有病，偏偏一定要說自己有病，這個世界上哪裡有他這樣的混蛋……然後他衝動起來，立刻當著父母的面砸碎了一個酒瓶割腕自殺，他爸爸嚇壞了，不得不答應他繼續做檢查。

後來他慢慢地感覺到自己的胃部開始劇烈地疼痛起來，一陣一陣灼

燒一般的疼痛，但是也只是早上醒來的時候疼痛，其他時間卻不痛，去醫院檢查也沒有問題。但是他感覺自己整個身體要被什麼東西掏空了，身上的零件都要壞死了。

所有的大醫院都檢查過了，沒有病，但是他依然堅信是沒有檢查出來。現在他已經不想檢查了，就在家裡等死了，單位的工作，因為他長期請假，大概是保不住了。

他入睡困難，也容易早醒。沒有辦法堅持工作，每天就在家裡的床上睡覺，什麼事情都不想做，他堅信自己只剩下幾個月的生命了。

10 天前，他一個人在家裡的時候，用繩子上吊自殺，因為喉嚨很難受而自行放棄。

▌解析▌

這個個案的家族史是陽性。和陽的舅舅是思覺失調症患者。

和陽的病不能單純用愛滋病恐懼症來解釋，它已經超出了精神官能症範疇的精神疾病，是屬於精神病性的慮病妄想。

這是一種很嚴重的精神疾病。患者缺乏社會支持的情況展現為，醫生以及心理師無論如何向其父母解釋這是一種精神疾病，父母依然覺得可以由醫生來說服他們的兒子相信自己沒有罹患愛滋病；他們不明白，兒子堅信自己有愛滋病，其實是一種精神異常的表現。

父母都是教師，對和陽的教育方式是很嚴格的。小時候如果做錯事情，媽媽會讓和陽跪在碎炭上一整夜，到第二天早上，往往是爸爸去把和陽扶起來，和陽的一雙膝蓋上的皮膚都是紅紅的洞眼。

和陽在生病前的個性是內向、敏感、膽小、謹慎的，從小就很乖，很聽父母的話，在乎父母的感受，覺得不能為自己而活。

有陽性家族史的個案，其實和沒有陽性家族史的個案，並沒有什麼本質上的區別。前面說過，一個患有精神病性障礙的孩子，往往都是三代人共同「努力」的結果。從這個意義上來說，那些沒有陽性家族史的孩子罹患精神病性障礙，其撫養者身上照樣是存在沒被明確診斷的精神病因子的，因為沒有病態的互動模式，一個孩子還是很難發展成為精神病的。

當然，有明確的家族史的患者，我們可能會說他攜帶了易感性的基因，那麼，那些沒有明確的家族史的孩子罹患精神疾病，就不是攜帶了易感性的基因嗎？所以，區分家族史的有和無，並不是對患者預後的唯一標準。

面對家族史，我們會顯得那麼的無力，而面對不良的母嬰互動模式，我們或許還是可以去做點什麼的。因為有時候，這樣的互動模式是一種社會文化所允許和提倡的。

和陽找小姐的事情，並不是一個偶然事件。其實，這是他對規則說「不」的嘗試，一個從小在極權「鎮壓」下成長起來的孩子，如果有機會給他破壞規則，他可能會感到自己有一種重生的可能性。

家庭裡面的那個妻子，在某種程度上象徵著他的媽媽，那是一個給予愛和溫暖的所在，但同時也是一個給予規則的所在。對和陽這樣的人來說，只能在婚內發生性關係，本身就是一條極強大的規則，遵守這條規則，他會覺得很安全，想要獲得的那份愛和安全就一直在。但是，如果僅僅是遵守這條規則，獲得如同小時候得到的那一份愛和安全的話，對於已經長大、已經有力量反抗的和陽來說，就會顯得有點「過時」。

所以，他挑戰了，他出軌了，這裡的出軌不是一般精神上的出軌，而是真實肉體上的「出軌」，他想叛離那個既定的軌道已經太久了。他不敢對父母說「不」，最後，他是對自己深愛的妻子說了「不」。

背叛妻子，在某種程度上和背叛母親所要付出的心理成本是相等的。所以，他在出軌以後，並不是「愛滋病」來懲罰他，而是他自己饒不了自己。

不斷地去醫院檢查，花掉自己和妻子的積蓄，失去工作，失去睡眠，上吊自殺，這就是當年跪碎炭懲罰的翻版。只不過，懲罰他的那個人已經不是當年的媽媽了，而是他內化的那個媽媽，代替了真實的媽媽，執行媽媽的懲罰功能。

我們會看到，一個膽小的孩子怎麼「玩」得起婚外情呢？像他這樣的人，根本玩不起出軌這樣「驚心動魄」的遊戲。

一個曾經遭受太多懲罰的孩子，拚命想要突破規則，但是在規則突破以後，卻發現自己的精神結構「失靈」了。

早期來自父母懲罰的力量，其實一直沒有「過時」，也不容易過時，假如孩子想要得到的愛是和規則連繫在一起的話。

像和陽這樣的慮病妄想症的患者，雖然他幾次自殺，但是我覺得骨子裡面，這樣的人是不想死的，是很想好好活著的，而且，他比一般人更怕死。

後來，在醫院身心科住院一段時間，情緒有所穩定之後，和陽對妻子說，那妳答應我，我們再生一個孩子吧，如果這個孩子檢查出來是健康的（沒有攜帶 HIV 病毒），那我就好好地活下去……

妻子再次訝異地看著他……

▋慮病症和慮病妄想的區別▋

慮病妄想（hypochondriacal delusion）：患者毫無根據地堅信自己患了某種嚴重軀體疾病或不治之症，因而到處求醫，即使透過一系列詳細

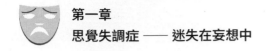
檢查驗證都不能糾正其歪曲的信念，這種情況被稱為慮病妄想。多見於思覺失調症，也可見於更年期老年期精神障礙。

慮病症（hypochondriasis）又稱慮病性精神官能症，目前歸類為身體臆形症（body dysmorphic disorder, BDD）中，主要指患者擔心或相信自己患有一種或多種嚴重軀體疾病，患者訴說軀體症狀，反覆就醫。儘管經反覆醫學檢查顯示陰性，以及醫生給予沒有相應疾病的醫學解釋，也不能打消患者的顧慮，常伴有焦慮或憂鬱。本病多在 50 歲以前發病，為慢性波動病程，男女均可能發生。

慮病妄想屬於精神病性障礙，而慮病症屬於精神官能症的範疇。

區別某個個案是屬於精神官能症性質的慮病症還是精神病性的慮病妄想，有一個簡單的思路，前者是指向未來的，後者是指向當前的，且堅信不疑。

B. A. Fallon 和 S. Feinstein 認為，如果患者堅信已患嚴重疾病達到妄想程度，對其沒有現實依據的恐懼沒有自知力，其自知力缺乏又持續很長時間，那麼應診斷為妄想性障礙或憂鬱症伴精神病性症狀，不是慮病症。

▌諮商心理師的建議▐

對於精神病性的妄想症狀，在發病期間是很難有調適的機會的，只有等到妄想症消除以後，進行長期的動力學的心理治療。

第二章

人格障礙 ── 這個人脾氣很怪

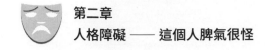
邊緣型人格：我為什麼要不斷折磨他？

陳幼嵐，女，28 歲，碩士畢業，目前在一間知名企業上班

　　她和男朋友相戀多年，鬧分手和復合的遊戲不知道有多少次，如果男友真的因為不堪忍受而答應了她的分手要求的話，她又會立刻陷入一種恐慌之中，如同世界末日一樣的恐懼和戰慄，然後不斷地去乞求男友的原諒，直到男友同意和好，她才像活過來一樣。但是，沒過多久，她又會去和男友玩同樣的遊戲，又經歷同樣的被拋棄和重新被接納的過程。

　　最開始玩這種遊戲的時候，男友會很著急地表示對她的感情，但是，這麼多年，同樣的遊戲反覆地玩下來，男友終於厭倦了，經常都說，要分就分吧！聽到這句話的那一刻，往往是「賜死」她的那一刻，她要的不是這個結果啊！但男友顯然已經疲倦了，不久就和另外一個女人有了戀愛的嫌疑。

　　幼嵐吃了一整瓶的安眠藥，把自己關在房門裡面，快撐不住的時候，打了電話給男友……

　　家人迅速把她送進醫院，經過一夜的搶救，她終於平安無事了。她醒來的時候，看到男友守候在她的身邊，就安心了。

後來，他們又和好了。但是同樣的事情總是會一再地重演，而那個男人雖然對幼嵐有諸多憤懣，卻也甘願停留在這段關係之中。

她和他之間的關係，有時像媽媽和兒子，有時像警察和小偷。她已經讓他煩不勝煩了，需要查他的聊天紀錄；需要知道他跟誰通過電話；需要知道他每個時間點在做什麼；需要他不斷地上進，不能沉迷於玩樂和遊戲；需要他保證要努力，否則他們的未來堪憂，孩子會面臨可怕的生活危機，得不到很好的養育條件；需要他一個月的收入能夠達到某個水準；需要他聽她的「教育」，但是又不能掛掉電話。掛掉電話之後，她會瘋狂地、不斷地、反覆地一直打給他，直到他重新開機，然後知道她有多麼難過以及為了他哭泣到眼睛都腫了……

她常常要男友看到自己為他做出的犧牲和付出，然後讓男友為自己的「罪孽」產生內疚感。這個時候，在想像中，她自己是一個委屈的孩子，而男友是那個總不在乎她的感受的人，而偏偏她的感受又是那麼的多，那麼的豐富，如同流水一樣汩汩而出，男友哪會24小時關注到她的需求呢？一旦有關注不到的時刻，她就會拿出許多的責罵和懲罰來表達憤怒。

每次她表達憤怒的時候都有點歇斯底里，什麼話能讓男友羞愧、內疚、疼痛，就專程說那些話去刺痛男友。

她從來不知道這樣做會對男友產生什麼影響，男友會是什麼感受，她從來意識不到。但是，她自己又是極度的敏感，男友對她絲毫的忽視，她都能夠感覺得到。

這是怎樣的兩極思維空間？

在長達6年的戀愛中，她不斷地拒絕男友提出的性方面的要求，並非她的身體沒有喚起，而是因為在媽媽的教育裡面，貞潔是第一位的，然而，更深層的原因卻是，她從他每次想要而要不到的飢渴難耐之中，

看到了自己的身體對於他存在的價值。她並非不能體驗到男友在生理上的難受，然而，比起自己需要看到他的這種難受來說，男友的感受是她不想去體驗的。

最後，男友對和她見面都沒有什麼興趣了，雖然他們都在同一座城市，但是見面的次數卻越來越少，她又覺得自己被拋棄了，不斷地去找男友吵架。

後來他們結婚了，老公在面對她的時候總是無法勃起，她不知道這是為什麼。每天晚上被老公冷落，總是充滿了無奈和無助，但是她又隱約覺得這和自己是有關係的。

她究竟是要拒絕他，還是要接納他呢？

她常常會貶低老公本人或者和他相關的一切，讓他覺得自己毫無價值……

她常常在語言上虐待他，把他說得一無是處，或者罵他的某個過錯到極點，他就會離家出走。這個時候，她會慌張，她知道自己總是做得有點過，然後，她開始自責，開始痛恨自己為什麼要去折磨他，她開始拚命地吃東西，緩解自責；或者，她開始拿水果刀來割自己的手臂……等到他平安回來的那一刻，她緊緊地去抱住他，彷彿再也不要離開他，他是她的生命，他是她的一切……

每一次她折磨他之後，她又會對他非常的好和溫柔，他們會非常甜蜜地度過一段時間，然而，過不了多久，一切又會重蹈覆轍……

▋解析▋

幼嵐的外婆出生以後，被抱養到別人家當童養媳，從小養父母就無情地暴打她，在寒冷的冬天，讓她光著腳去藕田裡採藕，拿回來的數量

達不到要求的話，就是一頓暴打；每天總是剛起床就要為一大家子人做飯，如果到該吃飯的時間，她沒有做好全部準備的話，也是一頓暴打。所以，在她 10 多歲的時候，雙眼就已經被養父母打成重度殘疾，幾乎看不見什麼東西了。

外婆結婚以後，生下了 5 個孩子，她繼續沿襲養父母的方式，暴打自己的 5 個孩子，包括幼嵐的媽媽馮丹，她唯一的女兒，她也從來不會手下留情。

馮丹結婚以後，生活在丈夫那個大家庭裡面，總是覺得周圍的人都要害她，家裡的田地上出現什麼東西，都會去猜測是婆婆故意在田裡埋釘子、埋小人，要作法施害他們家。馮丹隨時提防著人，和丈夫以及公公婆婆總是衝突不斷，時常打鬧。

幼嵐出生以後，馮丹總是傳遞給幼嵐這樣的訊息：爺爺奶奶不喜歡妳，伯伯伯母不喜歡妳，姑姑不喜歡妳，妳少出去和他們聊天。

幼嵐一直都很喜歡伯伯家的堂姐，堂姐比她大幾歲，喜歡照顧著她，她就和堂姐很親近。但是，媽媽見不得她和大家庭的人有來往，每次在她和堂姐玩得正開心的時候，總是要來把她拉回去。

小的時候，幼嵐覺得媽媽非常愛她，有什麼好吃的，不管隔多遠，都會帶回來給她吃；物質上面，媽媽也是無條件地滿足她；家務事上，也是媽媽一個人在幫全家人分擔。她覺得媽媽很苦很累，婚姻也不幸福，所以她很聽媽媽的話，希望透過自己的努力讀書，讓媽媽過上幸福的生活。

但是，媽媽經常暴打她，一個玩具玩過後，沒有放回原位就會打她；媽媽的一根毛線籤子，叫她不要玩，她偏偏去玩了，結果媽媽就拿著那根木製的毛線籤子來刺她的手，刺到流血，她撕心裂肺地叫喚。但是，大家庭裡沒有一個人敢來讓媽媽住手，因為馮丹已經把所有人都罵怕了。

在她 11 歲那年，媽媽打她的時候，她不哭也不鬧，還用一種很陌生的眼神看著媽媽，媽媽從女兒的眼神裡看到了決絕，媽媽被這樣的眼神震懾住了，從此不再打她。

小的時候，幼嵐覺得媽媽就好像天邊的火燒雲，她的情緒變化怎麼就能夠那麼快呢？對她好的時候如同一個天使，她提出的所有願望，媽媽都願意滿足她。但是，自己不知道做了什麼事情，就會惹得媽媽臉色巨變，媽媽會變成一個暴怒的怪物，無情地鞭打她，那個時候的媽媽，如同一個魔鬼。

幼嵐小時候上幼稚園，從 2 歲多一直哭到 4 歲。每一次媽媽把幼嵐送到幼稚園，要離開的時候，她就會撕心裂肺地號哭很久，任誰來哄都沒有用。

小時候，幼嵐最怕的就是媽媽的離開。有一次，媽媽說是要出差幾天，結果走了一個月才回來，她就在媽媽的衣櫃裡，找出媽媽的衣服，嗅了許久，衣服上有媽媽的味道，她聞著那個味道，就哭了……

看起來，幼嵐非常依戀她的媽媽，但是，每次媽媽回來的時候，她又要先躲進櫃子裡藏起來，之後才跑去找媽媽。

從小，幼嵐就是一個乖寶寶，認真讀書，什麼都聽媽媽的話，讀大學填報什麼科系，選什麼樣的男朋友，和男友發展到了什麼程度，甚至第一次和男友發生性關係，處女膜破了等事情，她都會事無巨細地匯報給媽媽。上大學，她選的是媽媽所在的縣市；讀碩士，她選的是離媽媽的縣市只有一個小時車程的隔壁縣。

幼嵐每天都要打電話給媽媽，匯報自己生活中的每一件事情。如果不讓媽媽知道，她會覺得如同背叛了媽媽一樣惴惴不安。

從高中開始，每一年幼嵐都有幾個時間點會爆發嚴重的憂鬱症，症

狀發作的時候，她無法入睡，兩邊的太陽穴都間斷疼痛，也不想吃東西。她去醫院開藥，立普能是一直吃著的。

和男友談戀愛以來，他們定期分手，定期復合，幼嵐不斷地鬧分手，然後男友不斷地希望和好。直到男友被她激怒，有一次堅決不和好了，然後，她又去乞求男友和好。

我問幼嵐：「這樣的過程裡，妳的感受是什麼？」幼嵐在沉默之後表達，說分手的時候，希望他可以一再地來挽留自己，從他這樣的反應裡，才能知道自己在他心中是重要的；如果他當真就同意分手的話，自己那一刻的感覺就是，自己「死」去了，所以又必須去爭取他的原諒與和好，然後自己才能重新「活」過來。但是，過沒多久，自己究竟是不是他最愛的那個人的意象又模糊了，又必須重新玩分手，希冀男友各種挽留，才能再次從他那裡確證自己在他心目中的重要性。

男友是真的愛幼嵐，所以任憑她各種鬧，依然不離不棄地和她在一起。男友平時也很關心她，但是男友對她 100 次好的訊息，抵不過一次忽視她的訊息，每當她感知到這樣的訊息的時候，她就要鬧，說些話來刺激男友。

幼嵐的情況屬於邊緣型人格障礙（borderline personality disorder, BPD）。每一次說分手，還是有一點事情引起的，有時候是真的有事情，有時候或許就是男友的一句話引起的，甚至是對方的一個眼神引起的，讓幼嵐感覺到了自己不重要，不被重視，所以，她要發出聲音。而她一旦發出聲音，都不會是靜悄悄的，總是聲嘶力竭，井噴一般的憤怒。

「邊緣人」對於別人對自己的忽視和忽略，是非常痛苦的，這個東西就是他們的「扳機點」，誰要是觸碰到這個「扳機點」，你就死定了。當

然，這裡的「你」，只能是他們最親密的愛人，他們對不熟悉的人是很友好的，並不是那麼張牙舞爪。

這裡就涉及一個話題，這個話題往深裡說，可以這樣去解讀「邊緣人」內心的痛苦，他們的自尊心水準非常低，他們覺得自己沒有價值，自己不可愛，自己不值得擁有對方真正的愛。所以，在關係裡他們會去要，不斷地去驗證，直到把對方真正逼跑，那個自我驗證的預言就實現了：果然，你們都是不喜歡我的，我是沒有人愛的……

透過童年期與重要撫養者的反覆互動，「邊緣人」就會形成這樣的核心信念，然後，拿著這個信念滿世界找「核對」。

男友對她有 100 個愛的訊息，她收到了，但是，這並不能保證男友有一次忽視她的訊息的時候，她可以調動那 100 個愛她的訊息來做一次綜合的訊息評估，她的全部感受就是，「天啊，他不愛我了，他怎麼可以這樣對我！」這個時候，先前那 100 個被愛的訊息就從她的大腦裡莫名其妙地憑空消失，剩下的只有一個訊息：我在他眼裡不重要，這個該死的傢伙！

在這樣的無法整合的大腦裡，她總是感覺到對方對自己的不好，對自己的敵意和攻擊，然後，她就要開始無情地報復對方，要麼威脅離開對方，要麼毀掉對方的前途或者是名聲……

和邊緣型的女人在一起的男人是超級強大的，因為他可以包容「邊緣人」的任性，或者說是超級退縮和迴避的，因為這會讓他們無法重新選擇。因為邊緣型的女人很會使用迎合型的投射性認同（projective iden-tification），讓那些想要離開的男人體驗到內疚。

如果要說這個世間上有所謂的「傲嬌女」的話，邊緣型的女人完全可以堪此重任。

普通男人，試問能夠承受這樣的精神折磨和虐待的有幾多，他們會很容易掉進來，但是也很容易就知難而退，選擇離開。

在實際生活中，邊緣型的女人很能夠吸引到男人對她們矢志不渝的愛情和陪伴。邊緣型的女人情緒情感的濃度比一般人要高出許多，所以她們對愛恨情仇的體驗都很強烈，也喜歡表達，這容易吸引到那些內心缺乏波瀾的男人。邊緣型的女人的內心是一個孩子，天真幼稚黏人，也容易吸引到比較自戀的男人。邊緣型的女人的記憶時常消失，每次看到同一個人，都會有新異的感受，然後採取不同的對待，這也容易吸引到那些缺乏變化的男人。

不論什麼樣的男人，最終都一定會在邊緣型的女人這裡受傷，而且是持久的受傷，但是，想要離開她們，拋棄她們，卻又總是被一種說不清楚、道不明白的力量一次又一次地拉回來。不錯，這就是邊緣型的女人身上的「魔力」，她們是一群既瘋狂又有魅力的女人。

▌邊緣型人格障礙患者的童年期創傷 ▌

邊緣型人格雖然和任何心理疾病一樣，有著生理上的遺傳基礎，但是，童年期創傷在「邊緣人」的形成機制上，也是同樣重要的。

「邊緣人」為什麼會那麼容易體驗到自己在對方心中不重要？在她們的童年期創傷裡，這樣幾種經歷是常見的：

◆ 變更撫養人

一般情況下，孩子在早年被不斷地變更撫養人輾轉撫養，很容易讓孩子體驗到被拋棄的感受。在這種情況下，孩子出現精神病性的症狀或者是邊緣型人格障礙，或者其他人格障礙以及身體臆形症的可能性都是很大的，比如在中國有大量的農民到外省工作，把孩子交給祖輩撫養，

然後又不斷地變更撫養人的情況下，孩子出現心理問題的機率就會非常大。也有一些父母不願意或者因為工作原因，無法親自撫養孩子，於是把孩子轉移給別人來帶，之後又把孩子接回來。在這樣的情況下，孩子通常都無法理解父母這麼做的原因或者是苦心，孩子傾向於感受到是因為自己不可愛，沒有價值，所以被父母一再地拋棄。

◆ 軀體虐待，也就是被打

一個被媽媽暴打的孩子，體驗到的其實也是一種被拋棄感，一種對自己言行的徹底否定，被打時候的孤獨和委屈。媽媽不斷指責孩子錯誤的地方，而孩子卻理解不了這種錯誤的時候，孩子感覺到自己被媽媽拋擲到情感的另外一個星球上去了。

◆ 語言虐待，也就是被辱罵

媽媽帶有貶低、嘲笑、譏諷等色彩的言語，會讓孩子感受到自己是一個不值得被愛、被尊重的孩子，但是孩子的內心又是有這樣的被愛、被尊重的需求的，這樣的需求如果被壓抑，還是會終生去尋找的。媽媽做出這樣的語言虐待的時候，一般並不是真的為了孩子的成長，如果是為了孩子的成長，媽媽說出來的話是不會帶有這樣歧視的語義的。這通常是媽媽有她自己無法應對的生活困境，自己心情不好，然後轉嫁給孩子的緣故。

◆ 忽視

忽視也是一種虐待，這樣的概念以前是沒有的。忽視是一種真實的虐待，孩子在被忽視的時候，體驗到的是自己的不存在、空虛感和虛無感。這很簡單，自我的形成和構成，是在和別人的互動中完成的，一個被忽視的孩子，相當於在別人的眼裡不存在，這也是被拋棄感的來源。

◆ 情感的不穩定

　　媽媽的情緒變化無常，有時候會對孩子很好，有時候會對孩子很糟糕，在好和壞之間，沒有必然的可預測性。這個時候，孩子就容易掉進忐忑不安之中，更加緊張和防禦。這也是我們通常所說的媽媽的情感的不可獲得性，孩子不知道什麼時候媽媽會對自己好，什麼時候媽媽不開心了，又要拿自己「尋開心」，這個孩子就會經歷反覆的、無法預期的被拋棄的感覺。

　　創傷之所以能夠形成，是因為外界的刺激的強度以及反覆刺激的頻率，超過了孩子心靈能夠承受的上限，孩子能夠採取的應對措施通通失效，「電壓」太大，孩子心靈發生「短路」，然後以創傷的形式存留在記憶之中。

　　創傷的痛苦雖然被壓抑，但是創傷作為一種能量並沒有消失，幼嵐和老公相處的時候，這些創傷都可能被啟動。當老公不是那麼在乎她的感受的時候，當老公不可能一直共情到她的時候，那種不被人重視的痛苦就又開始發作。然後，她會向他「發飆」，所有難聽的話恨不能都對他說出來，所有能夠刺激他的言語，在那個瞬間都繃不住地要爆發。

▌諮商心理師的建議 ▌

　✎ 學會整合被愛和被忽視的訊息。在感覺到被忽視的時候，盡量去回憶對方對自己關心和體貼的體驗。

　✎ 學會心智化（mentalizing）的思考方式。

　✎ 學會理解別人的感受。雖然從小自己的感受被他人忽視，沒有學會理解自己的感受以及他人的感受，但是，任何事情多站在對方的角度想一想，憤懣就會立刻削弱許多。

✎ 學會接納自己身上不那麼完美的地方,這樣也就會慢慢地接受對方
　身上的缺陷,而不會總是去抱怨對方。

　　生而為人,就是最大的價值。其實每個人都有其存活的空間和存在
的理由,存在於這個人世間,就是最大的價值。不管他的性格有什麼缺
陷,有什麼讓你難以忍受的地方,但是,當他在你生命裡面消失的時
候,你照樣會留戀他,想念他,這就是他對你而言作為一個整體存在的
價值。生而為人,就是最大的價值。秉承這個信念,「邊緣人」可以減少
對配偶的挑剔,更重要的是,可以減少對自己的挑剔,做到全方位地接
納自己和他人。

　　在心裡默默地給自己一個存在的價值和肯定,為自己留下一個存在
的位置。我們要在心裡有一個理想媽媽的位置,幻想自己就是那個理想
媽媽,可以抱抱那個受傷的孩子,給他一點力量,給他一點擁抱,給他
一點愛,看著他慢慢地站起來,看著他也伸出手來……

　　人之所以罹患心理疾病,就是因為他既不接納自己,也不接納他
人,所以他生活在痛苦之中。內心都是一個衝突的小宇宙,哪裡會有安
生和平靜呢?

自戀人格：媽媽，我想讓妳看到我很優秀

謝晨珊，女，29 歲，攝影師

今天早上我很早就起來做包子，是因為他昨天說過要吃洋蔥醬肉包子，他說他突然回憶起大學時代吃到的那個洋蔥醬肉包很好吃，所以想再回味一下。

昨天晚上就把麵發起了，今天早上來和麵，擀麵皮，切洋蔥，拌肉丁，包包子，上蒸籠，忙碌了一個早上，看到包子在蒸鍋中膨發成很正常的包子的樣子時，心裡就知道，麵發成功了。關火以後，自己先嘗了一口，第一次做洋蔥醬肉包子，沒有任何經驗，可是味道居然像館子裡做的，而且還有點驚豔的樣子，就急不可耐地跑去叫他：「快，快來嘗我做的包子。」

那個時候他正在廁所洗臉，表情很是冷漠地看了我一眼：「妳急什麼啊，沒看見我正在洗臉嗎？」那一刻，我有點愣住了，我很快就回到飯廳，看到他出來到飯廳，就連忙把包子遞給他。他臉上的眉頭是皺著的，充滿了被人勉強著在做一件事情的不耐煩，但還是把包子接過去，吃了，吃了之後說的第一句話就是：「妳這個包子怎麼這麼鹹啊？」

之前我是吃過包子的，可能是因為包子的其他味道還可以，所以我就忽略了這個鹹，但是他不會。

這樣一句指責的話讓我很不舒服，但是我覺得我不能這麼小氣，所以馬上又問他：「你要喝牛奶嗎？」他說：「要喝，任何有水的都給我倒上。」這句話還是在指責包子很鹹。然後，我就去替他倒了一杯牛奶。

然後一起坐在飯桌上的時候，他見我沉默不語，就補充了一句：「這個包子其他都還好，就是鹹了一點，妳下次不要放這麼多鹽就好了。」我低語了一句：「我根本就沒有放鹽，是那個甜麵醬放進去太鹹了。」他說：「不要總是 DIY，好像多有創意一樣的，放什麼甜麵醬嘛！」我就沒有再說話，因為我也不會做洋蔥醬肉包，都是網路給我的步驟，完全照著那上面做的，第一次做，難免會失敗。我驚奇的只是第一次做，還能夠做出包子的樣子，而且除了鹹了一點，味道也還可以。

看來，我對自己的評價永遠高過別人對我的評價。但是，我心裡更清楚的是，他不高興可能是因為我看到自己成果時的那種激動，他覺得我不該那麼激動，而且那麼渲染自己的激動。

是的，那個時候，我就如同一個 5 歲的孩子，急於要把自己感覺到成功的作品，比如繪畫，比如捏黏土，呈現給我的媽媽，希望她可以誇我幾句。然後我就會對自己小小的成就感到開心，覺得自己是能幹的、勝任的。

小的時候，每當我這樣去向媽媽表現我的成就的時候，媽媽都流露出一副不屑的樣子，有時候還會貶低我：妳看，妳做的醜成那個樣子還好意思說。妳看看人家琦琦做的，比妳做的好看多了。

一次又一次，我耷拉下頭去，黯然地離開媽媽。心中很是不服氣，憑什麼你要這樣說我呢！我下次一定努力，一定要讓你看到我行的樣子。

小的時候，我完全不知道，其實無論我怎麼做，媽媽都不會對我滿意。

現在，男友對我做的和當年媽媽對我做的一模一樣。

那個時候不明白，一個人的語言為什麼都可以這麼暴力，這麼傷害人？現在明白了，覺得語言的暴力也應該被算作家庭暴力。

他是我的初戀男友，後來我們分手了，分手的原因是我覺得他總是喜歡打擊我，打擊我穿的衣服不好看，打擊我體型偏胖，打擊我做的東西不好吃。我身上好的地方他視而不見，專門盯著我不好的地方，我本來就比較自卑……

最開始被他吸引，我懷疑是因為他真的是和我媽媽對待我的方式一模一樣；最後選擇離開他，也是因為他和我媽媽太相似了。

我發現我一直在追尋一個東西，那就是別人對我的讚揚，我對這個東西樂此不疲，無論有再多都是不滿足的。我的存在似乎是一個空無，而那些讚揚是這個空無的填充物，沒有這樣的填充物的時候，我很容易就洩氣下去，陷入憂鬱狀態之中。

有時候我會感覺到很羞愧，因為我會不遺餘力地去展示自己，哪怕是在火車上或者飛機上剛剛認識的人面前，我也會去展示自己許多的才能和技巧，唯恐那個人不知道我是優秀的，就會在內心貶低我一樣。

但其實每當我這樣做的時候，我感覺到別人看我的眼神更加奇怪了，我從那裡看不到羨慕，看到的似乎是在審視一個怪物一樣，這讓我更加的羞愧。

有時候，我會在心裡去對一個剛剛認識不久的人做一番貶低。因為只有這樣，我才會覺得我們是平等的，他沒有理由瞧不起我。

難道我是把那個喜歡貶低我的媽媽裝在了我的頭腦裡，然後看見全

天下的人，都彷彿是我的媽媽，都把這樣一個會貶低我的人的意象，投射到他的腦袋裡去了嗎？

當別人批評我的時候，我臉上裝作若無其事的樣子，實際上內心早已經炸開了鍋，裡面五味雜陳，通通向我湧來，讓我防不勝防。或者說，在聽到批評的那一刻，我如同一個犯了錯的孩子，在等待那種帶有侮辱性質的譏諷和嘲笑，裡面的每一個評判，都像是把我自己平時精心武裝好的那個還有點良好感覺的自我，用一顆原子彈摧毀一般。評判聽完，我的自我在那個時刻就不復存在了，需要好長時間，我才能稍微恢復一點……

其實仔細想想，對待後面的幾個男朋友，我也常常用我媽媽對待我的方式，無情地在內心貶低、嘲笑、譏諷他們，讓他們感覺到自己其實是不行的。然後，這個時候我的感覺很好，因為我們扯平了。

有時候我覺得我很病態，但是又覺得這個病態如同一個循環，我是這樣的人，我特別害怕別人這樣對我。但是，我又不知不覺地會去這樣對待別人……

▌解析▐

其實，謝晨珊很希望初戀男友這樣對她說：妳第一次做這個包子，能夠這樣已經很不錯了，下次記得少放點鹽啊！

但是，她興沖沖地跑到廁所去叫男友的時候，男友因為自己正在做的事情被強行打斷，也充滿著對於自己不被共情的不舒服，他也急於要表達這種不舒服。所以，他是不可能看到另外一個人的情感需求的。

她希望男友看到她的努力，看到她已經成功的那個部分，然而，男友看到的永遠只是她做得還不好的那個部分。

他和她互動的模式是指責，男友是那個拿著語言的槍指著她的人，一個人總是被對方掃射，心中肯定是不痛快的。

在諮商中，她逐漸地了解了自己的委屈和憤怒，初戀男友對她的不共情，喚起了當年媽媽和她互動的痛楚。

這個場景，就叫做「原初情景的再現」。

在每個成年人那裡，都有一些原初情景，每一個原初情景對應著童年時期的一個創傷。後來一旦出現和原初情景類似的場景，就會啟動這個創傷。

在一個孩子心裡，希望得到媽媽的肯定，然後用以增加自我價值感，增加自尊心和自信心。這對於一個孩子的心理的正常成長來說，是一個必需的過程。這個過程，大約發生在一個孩子 3～5 歲的時候。這個階段的孩子會有一種非常強烈的需求，向父母和周圍人展現自己的能力，而且孩子會特別需要周圍人的關注和肯定。這就是自體心理學裡所說的鏡映性（mirroring）的需求，如果孩子得到了父母的肯定和欣賞，他就可以形成正常的、健康的自戀。

我曾經在電梯裡看到一個 3 歲多的孩子，很努力地跳著要去按他們家的樓層按鈕，但是，跳了兩次，沒摸著，爸爸就幫他按了。但是這個孩子很不高興，就又跳了一次，把爸爸按的取消了，然後，自己再跳了一下，按成功了。

我看到孩子臉上滿足的表情。我知道孩子這個時候特別需要有一種對於自己能力的肯定，他不需要別人幫助他，因為那會讓他感覺到自己很沒有用。他非常需要別人知道自己是有能力的，能夠勝任一些自己可以勝任的事情。

這個年齡階段的孩子，尤其需要父母能夠鏡映他在各個方面的發展

上的成就，包括第一次學會綁鞋帶，第一次學會捏泥人，第一次畫出他滿意的作品。父母的欣賞與認可會內化為孩子對自己的自尊心和自信心的源頭，成為他日後自己表揚自己，肯定自己所取得的成就的源頭。

如果在這個階段，孩子沒有得到這些東西，孩子的自戀力比多（libido）就會固著在這個階段。他因為沒有形成核心的內聚自體，所以他不得不仰賴於環境來鏡映他的存在感。

這個孩子終生都會特別在意環境對他的評價和評判。這個時候，我們就會說，這個孩子的自信受損了。他對自己取得的任何成就都沒有感知能力，他需要環境去為他實現這個功能，彷彿環境是他的自我功能的一個延伸，是屬於他的一部分一樣。他就會病態地倚賴環境提供給他的讚揚與欣賞來滿足自己的自戀。如同當年的父母缺失了這個鏡映，他就一直需要環境來彌補這個部分。

這樣的人會特別脆弱，因為環境不可能隨時都能夠那麼溫暖地理解他，共情他。當環境無法理解他或者共情他的時候，他就容易產生自戀暴怒，去攻擊他所在的環境中的人。

所以他的人際關係總是會充滿衝突，他會成為一個很容易生氣或者暴怒的人。因為他比較敏感，容易受傷，會更容易感受到別人忽視他的訊息。

他嫉妒別人比他好的地方，並且無情地攻擊別人。他喜歡和人競爭，並且只能勝利不能失敗。

他幻想自己有特權，超越許多的人，成為眾人都喜歡和欣賞的人。這一點就彷彿是為了他小時候的缺失而過度地補償一樣。

他對別人的感受缺乏感同身受的能力，如同他的父母在他小的時候對他缺乏感同身受的能力一樣。這使得他的人際關係都相對膚淺。

和他們相處，最開始總是愉快的，因為他們具有一種可以快速地吸引別人目光的技巧，他們看起來聰明迷人，有強大的魅力。然而，深入交往下去，他們總是能讓你感覺到自己不重要，而他們卻隨時需要你鏡映出他們很重要，一旦你在某個時刻的鏡映失敗，他們又會很苛刻地指責你。

他有可能會成為一個特別有創造性的人，他會去發展許多技能，比如攝影、繪畫、鋼琴、寫作，或者其他科學技術方面的才能。他希望別人都可以看到自己的才能，然後誇讚他。他會不斷地把自己覺得可以秀的東西 po 在網路上，表現自己的各種優越；他會去統計文章裡的讚數和評論數，並陶醉於其中。

其實他內在能夠明白這些東西是一個虛無，但是如同他沒有形成的核心自體那樣，他的存在本身就是虛無。所以，虛無的人做虛無的事情，好像這樣可以填補虛無一樣。

▌自戀型人格障礙簡介▐

精神分析學是有自己的一套獨特的診斷系統的，在這套診斷系統下，可能會呈現出和別的診斷不一樣的風範來。

在科胡特（Heinz Kohut）那裡，一切的精神病理都是自體障礙。大部分的人格障礙的基礎，都是自戀型人格障礙。而在科恩伯格（Otto Kernberg）那裡，大部分的人格問題都屬於邊緣型人格體系的範疇。

根據我的感受，在一個注重面子觀念的民族裡，自戀受損或許是我們集體無意識裡的共同創傷。所以我們都會比較在意別人的看法，常常為了別人的看法犧牲我們自己的感受。這並不是我們真的很會共情，而是因為一旦激怒別人，我們的生存會遭遇想像中的危機。

自戀型人格障礙（narcissistic personality disorder, NPD）是一種常被誤解的複雜人格障礙，基本特徵是對自我價值感的誇大和缺乏對他人的共情。自相矛盾的是，在這種自大之下，自戀者往往長期體驗著一種脆弱的低自尊。只是由於自戀者的自大總是無處不在，使我們更傾向於將其非人化看待。

在現實生活中，自戀者一旦遇到挫折，就會對自己產生懷疑。他們的自尊心非常敏感，對其他人的評價非常在意，不切實際地期望別人能夠始終把注意力集中在自己的身上；對於別人的否定則反應過度，雖然內心充滿了怒氣，不過表面上看起來是冷漠的，他們在壓抑自己的情緒；在幻想的世界裡，自戀者憧憬自己擁有智慧、財富、魅力，所以自戀者會滋生一種特權意識，要求別人給予自己特殊的待遇，而對於那些比自己更加出色的人，自戀者會充滿了嫉妒；由於自戀者以自我為中心，所以他們無法覺察和感受別人的情緒，他們交朋友是從功利的角度考慮的，因此自戀者無法建立融洽的人際關係。

自戀者關心的只有自己，在他們看來，自我與外界事物之間是沒有邊界的，一切外在的事物都是與自我連繫在一起的。因此，他們對外部世界充滿了敵意，但又希望外部世界能夠給予自己認可和肯定。所以，自戀者的情緒波動劇烈，時常走向極端，他們的行為也具有很強的破壞力。

我們應當注意這樣一個事實，在任何一種愛的關係中都存在自戀，不過，正常情況下的自戀與病態的自戀是有本質差別的。正常人會把對方當作一個獨立的、有自己想法與需求的人，雖然正常人也會把自己的心理需求投射給對方；而自戀者則是把對方當成一種媒介，對方是自己的一部分，而不是一個獨立自主的存在。因為他們的心理是不成熟的，所以他們建構的愛的關係也是不成熟的。

▌諮商心理師的建議▌

◆ 走出自我中心的陷阱

　　茱蒂絲‧維斯特（Judith Viorst）在《必要的喪失》（*Necessary Losses*）一書中提出：「一個迷戀於搖籃的人不願喪失童年，也就不能適應成人的世界。」自戀型人格障礙的核心特徵是以自我為中心，這意味著自戀者的心理行為退化到了嬰兒階段，嬰兒就是一切以自我為中心的。所以，我們可以從嬰兒的表現出發，來矯正自戀型人格障礙。自戀者不妨將自己不被其他人認可的個性特徵進行一番總結，然後加以分析，並與嬰兒的表現進行對照。

　　自戀型人格的嬰兒期表現：

　✎ 希望自己始終是人們注意力的焦點，得到大家的羨慕與讚賞。如果覺得自己被忽略了，就會反應過度。希望父母隨時關心和寵愛自己，如果得不到滿足，嬰兒便會哭鬧、搞破壞，以吸引父母的注意。

　✎ 嫉妒別人的成就，希望把別人的東西據為己有。只要是別的孩子有的東西，自己也必須有。

　✎ 覺得自己高高在上，對別人頤指氣使。自己是小皇帝，衣食起居都由父母打理。

　　經過對比可以發現，自戀型人格障礙的特徵在嬰兒階段都有原型。所以，對於希望完善自己個性的自戀者來說，應該自覺地提醒自己：要想得到別人的認可，就必須付出努力，取得成就；我要透過付出來得到自己應該擁有的東西，而不是徒勞地嫉妒別人擁有的東西；我是一個成年人，一切應該靠自己，不能期望別人都圍著自己轉，為自己服務。

◆ 發展成熟的愛

在《愛的藝術》（*The Art of Loving*）一書中，弗羅姆（Erich Fromm）提出：嬰兒的愛是「我愛因為我被愛」，成年人的愛是「我被愛因為我愛」；幼稚的愛是「我愛你因為我需要你」，成熟的愛是「我需要你因為我愛你」。而自戀型人格障礙患者的愛就像嬰兒的、不成熟的愛，所以，自戀者要走出自我中心的世界，發展成熟的愛。透過給予別人真誠的關係和幫助，贏得對方的感激、尊重，自戀型人格障礙的症狀會潛移默化地得到改善。

◆ 學會肯定自己

自戀脆弱的人其實很容易貶低自己和他人，所以，當自己做錯事情的時候，第一反應就是責怪自己，這樣心情容易不好，容易低落，容易憂鬱。所以，在自己做錯事情的時候，要學會安撫自己；當自己做得不錯的時候，也要學會鼓勵自己。

當自己的自尊心水準得到提升的時候，自戀的人對於外界情感索求的水準就會適當降低。

迴避型人格：我為什麼對於被忽視那麼痛苦？

陳中平，男，37歲，技術員

（敘述者為陳中平的妻子阿麗）

前幾年我們一直聚少離多，感情也還算是平穩，後來他的工作調動回來了，不知道是怎麼回事，我們之間的感情卻遇到了很大的危機。

這種危機我說不上來是因為什麼，有些東西在夫妻之間能夠感受得到，但是卻說不出來。

我說話歷來是比較大大咧咧的，但是他很敏感，常常能聽出我話裡對他的貶低或者是指使之類的東西。其實我並沒有那個意思，因為在我心裡還是很喜歡他和尊重他的。有時候說話，更多的是喜歡去調侃一下，幽默一下，當然也不排除在這個過程中，有可能他就是我調侃的對象。但是，夫妻之間，哪裡可能那麼一板一眼呢？如果連一個玩笑都不能開的話，這個婚姻生活不得把我憋死啊？

我天性樂觀開朗，喜歡和人親近，開玩笑，也算是想和人親近的方式吧！但是發現他對我的玩笑的解讀有些歧義以後，我說話漸漸變得小心謹慎。

剛結婚那幾年，因為能感覺到他對我的喜歡，所以我時常向他要性子，他什麼都會遷就著我。但是後來，他在工作上遇到一些事情，他自己有點不如意之後，對我的遷就就變得比較少了。這個時候，我發現我得去遷就著他了。

日常生活中，他喜歡表達他的看法和意見，但是我發現，我必須按照他的意思去執行。如果我有自己的主見，他就覺得我是在否定他的意見，然後他會變得很不開心，對待我的態度就有所轉變。這種轉變是很細微的，最開始我沒有怎麼察覺，但是時間久了，他慢慢地「教會」了我，一件事情要怎麼去做，才會讓他開心；反之，他就會不高興。他不高興的時候，就不會再理睬我，或者說是同樣的場景，在平時，他會來刮刮我的下巴，親親我的臉頰，但是他不高興的時候，這些「待遇」就會莫名其妙地消失了……

他從來不會用語言來表達他對我的不高興，但是在我們共同生活的這個空間裡，我漸漸地熟悉他的變化，他的一個動作和表情，我都能夠感受到他是開心的，還是不開心的……

漸漸地，和他在一起，我開始有點緊張。不知道哪句話說出來他會高興，哪件事情沒有按照他的意思做他會不高興。他一旦不高興，那些對我有愛的表示的言行都會收回去，有時候我惹到他了，他甚至可以連續幾天不理睬我。

說實話，我是很愛我老公的，他工作認真負責，雖然一直升遷無望，但是他還是用很認真的態度在工作。對待家庭，對待我和孩子，都是體貼入微，什麼事情都想著我們的喜好，照顧著我們的喜好。我能夠感覺得出來，他也很愛我們，在乎我們。

　　但是，我在他面前越來越謹慎，不敢隨意地發表自己的看法，因為不知道哪句話不小心又戳到他的痛點了。有時候，我很寂寞的時候，要去找他聊天，但是我發現我說話的內容在揣摩著他的意思說，我心裡面感覺得到，我不能按照自己的意思來說，而且我也很了解他希望我對待一件事情是什麼態度，他才會開心。

　　家裡的大小事情，他都喜歡做決策，我只需要按照他的意思，服從他的決策就好。如果我的意思和他相悖，我知趣的話，最好還是修改我自己的立場，服從他，在愛的獲得上我就是安全的；反之，他對我的愛就可能收回去。

　　孩子也感受得到爸爸在這個家庭裡的位置，所以，孩子常常站在爸爸這一邊，和他一起反對我某些時候的想法。

　　我當然是一個有自己的主見，並且也喜歡自作主張的人。但是現在，我在自作主張和服從他之間變得猶疑起來：服從他，我自己的意志不見蹤影了，我不知道「自我」到哪裡去了；不服從他，他對我的愛會消失，我同樣也會不知道「自己」是誰了。

　　漸漸地，我開始頻繁失眠，我在做自己與被愛之間感到很茫然。因為他喜歡冷戰，我們分居的天數也開始多了起來。

　　最近我覺得我離憂鬱症越來越近了，我對他說，我們一起去看看諮商師吧！看他的表情，彷彿這是一件匪夷所思的事情。

　　他不認為他有任何問題，所有的問題都是我一個人想多了。

　　老公沒有一個朋友，每天下班準時回家，在工廠裡做技術員，那份工作也是他一個人在做。他不喜歡我的朋友來我們的家裡，所以他工作調動回來以後，我那些三朋四友就再也沒有來過我家裡了。

▌解析▌

像陳中平這樣的一類人，基本是不會走進心理諮商室的，前來求助的多半是他們的配偶。為什麼呢？因為迴避型人格障礙（avoidant personality disorder, AvPD）患者有一顆無比脆弱的自尊心。承認自己有問題，這對他們脆弱的自戀來說，無疑是一塊自己找來否定自己、殺死自己的石頭。

自尊心這個問題，在一切的精神疾病裡都存在，越是嚴重的精神疾病患者，其自尊心水準越是低下。

邊緣型人格障礙和自戀型人格障礙患者是心理諮商室裡的常客，他們也都存在自尊心水準低下的問題。那麼，為什麼他們會走到心理諮商室裡來，而迴避型人格的患者不會呢？難道說，迴避型的人的自尊心水準更加低下嗎？

不是的。邊緣型人格障礙和自戀型人格障礙患者，雖然根本的心理病理是和自尊心水準相關的，但是他們的內心對於獲得愛和自尊，還充滿著神話一般的憧憬；而迴避型的人，內心對於獲得外界的愛和尊嚴，基本是已經放棄了的。當然也不排除內在還是有一些微弱的憧憬，但是心裡知道這些憧憬變成現實的可能性已經很小很小。所以他們是在絕望之中走向婚姻，希望配偶可以給他們不一樣的體驗。但是無一例外，配偶不會是那個 24 小時都會關注他的自尊需求和情感需求的完美媽媽，也不是他肚子裡的蛔蟲，配偶也有自己的個性，有和他衝突的時候。這個時候，他會再次受傷，再次回縮。

但是因為他們的心理機制裡，對這些微弱的期待早已經學會了放棄，所以，他們以極大的平衡掩飾能力，遮罩了自己在情緒上的激烈表現，而呈現出一種缺乏精神官能症表現的相對穩定的情緒狀態。他們在

這樣的狀態下，表現得很像是正常人，當然他們也就以為自己是正常人，所以對於進入心理諮商室會表現出不屑的態度。

但是，其實在生活的每一天，他們的情緒都容易處於不高興或者生悶氣的狀態。只是他們會把這些情緒給隱藏起來，慢慢釋放給配偶而已。

他們在人際關係中的表現只有一個策略：迴避人。

但是，在婚姻裡面他們無法迴避配偶，每天他們和配偶之間會有無數的涉及自尊心的相關事件發生，甚至會小到今天的水煮肉片裡要不要放豆瓣醬。如果配偶否定他的看法，就會導致他們在情緒上的憤怒。但是，他們的憤怒是不會往外發作的，他們會把憤怒活生生地「吞」到肚子裡，然後慢慢來發酵，慢慢來對配偶「發作」。

比如：某天早上出門，他對配偶說：「你要記得把洗衣機裡洗好的衣服晒到頂樓去！」晚上下班，他發現配偶把衣服晒到家裡的陽臺上了，就會覺得自己對配偶說的話不重要，配偶沒有看到他的存在。他就會悶悶不樂，然後在配偶和他正常說話的時候，回應的態度上和平時就不一樣了。

婚姻的最開始，他對那個大大咧咧的配偶還是充滿信心的，他會一再地和配偶交流自己對某件事情的看法和感受。在婚姻的無數次碰撞裡，他慢慢知道，配偶也有自己的個性和為人處事的方法，有可能和他的不一樣，有可能配偶也喜歡自作主張。這個時候，他就開始慢慢回縮，對配偶提出要求的次數慢慢減少。但是，他的憤怒不會因此而減少。在某一天，比如配偶把洗衣機裡的衣服晒在家裡，而沒有拿到頂樓，或者他說「你關門的時候，聲音不要那麼大」，而配偶關門的聲音依然是大了一點，或者「你中午睡午覺的時間不要那麼久，要不然晚上入睡的時間就會變得很晚」

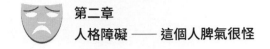
等事情上，配偶如果還堅持自己的做派的時候，他就會感到自己的意見在配偶那裡不重要，被忽視的痛苦就會被啟動。

這些情況都還算是好的，他如果遇到的是一個強勢的妻子，喜歡批評他，評價他，貶低他，這個時候，家庭大戰勢必爆發。最開始可能是吵鬧，但是，迴避型的人不喜歡吵鬧，他們習慣性地選擇冷戰。所以，這樣的家庭一般都彌漫著冷戰的硝煙味道，你看不到戰爭的風雲，但是卻能夠感覺戰爭過後家庭的荒蕪和荒涼的氣息。

迴避型的人對於別人對他的批評尤其敏感，在婚姻一開始，他可能出於對配偶的一種情感上的依賴，對於配偶的批評擺出願意聆聽的姿態。但是，當他敏感地覺察到在婚姻的中期階段，配偶很害怕他的冷戰的時候，配偶已經不敢再批評他了。這個時候，他開始對配偶表達各種他的抉擇，要配偶去服從；如果配偶不服從，被忽視的痛苦依然會以冷戰的形式爆發出來。

所以，對於迴避型的人來說，最輕微的傷害是不聽他的話，表達和他不一致的想法，堅持自己的做法；中等程度的傷害是批評他，否定他；最嚴重的傷害是離開他，拋棄他。

他們內在裡是很依賴人的，很想獲得一段滿意而穩定的感情生活。然而，在遇到一些挫折的時候，這種期望會一再地回縮，以「我並不在乎你」來掩蓋「我其實很需要你」。

他們很難直接表達對配偶的情感期待，期望自己什麼都不說，對方就能夠猜到他們的情感需求。對方如果也和他們一樣敏感的話，可能會顧及他的情感需求，但是如果對方也很敏感的話，兩個人發生衝突的機會反而會更多。

迴避型的人在早年是被母親極度忽視的孩子，雖然自戀型和邊緣型

也同樣有被撫養者情感忽視的經歷，但是這兩種人格的人的撫養者，還有對孩子非常好和溺愛的時候，而迴避型的撫養者對孩子缺乏好和溺愛的一面。所以，這樣的孩子在遇到人際困難的時候，傾向於在關係中退縮，退回到自己一個人的世界裡。

這樣，被迴避的配偶會感到痛苦萬分。因為他感覺到被另外一個人在關係中拒絕了，分離了，但又不是離婚。

的確，迴避型的人可以和配偶冷戰、分居很多年，但都不容易選擇離婚。他們似乎對和另外一個人處於「有一種關係的名義，但是沒有關係的實質」的痛苦中，保持容忍狀態的能力很強大。

事實上，在他們的內心，並不是不渴望愛和友情，但他們是躲在殼裡的人，殼底下包裹著的是一顆無比脆弱的心，類似於一顆幾乎完全裸露，沒有任何衣服包覆的心。別人隨意的一句話、一個眼神，都可能讓他們受到致命的傷害。這樣的事實扼殺了他們嚮往新的友情或者新的愛情的機遇，他們是屬於對於新的感情缺乏嚮往、缺乏信心的一類人。

我喜歡看相親類節目，我發現裡面的男女嘉賓經常會問到這個問題：如果我們之間發生矛盾或爭執，你要如何處理？我的前任就經常是不理睬我，或者玩消失⋯⋯或者直接就問：你怎麼看待冷戰？出現冷戰之後，你要怎麼應對？

在婚姻諮商的過程中，冷戰是婚姻殺手裡的一個高頻詞。從這個現象來看，具有迴避型人格傾向的人，其實比例不算少。這類人很少會求助於心理諮商，所以臨床上並不多見，倒是他們的配偶常常求助於心理諮商。所以對他們的了解，常常是從他們的配偶那裡得知的。

和其他心理疾病一樣，迴避型的人的內心也住著一個「不值得被愛的孩子」，以及一個「危險的世界」的基本焦慮和基本假設。

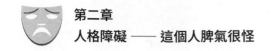
▍迴避型人格障礙患者在日常生活中的表現▍

迴避型人格又叫逃避型人格，其最大特點是行為退縮、心理自卑，面對挑戰多採取迴避態度或無力應付。美國《精神疾病診斷與統計手冊》（*Diagnostic and Statistical Manual of Mental Disorders, DSM*）中對迴避型人格障礙的特徵總結為：

✎ 很容易因他人的批評或不贊同而受到傷害。

✎ 除了至親之外，沒有好朋友或知心人（或僅有一個）。

✎ 除非確信受歡迎，一般不願捲入他人的事務之中。

✎ 行為退縮，對需要人際交往的社會活動或工作總是盡量逃避。

✎ 心理自卑，在社交場合總是緘默無語，怕惹人笑話，怕回答不出問題。

✎ 敏感羞澀，害怕在別人面前露出窘態。

✎ 在做那些普通的，但不在自己常規生活之中的事時，總是誇大潛在的困難、危險或可能的冒險。

只要滿足其中的四項，即可診斷為迴避型人格障礙患者。

在日常生活中，下面的一些表現，可以為你發現一個具有迴避型人格傾向的人提供一些線索：

✎ 沉迷於線上遊戲或其他遊戲，對實際生活中的人和事情沒有多少興趣。

✎ 在婚姻生活中，當感覺到被配偶忽視的時候，比較容易透過冷戰來發洩自己的痛苦情緒。

✎ 對於人生中遇到的很多挫折，傾向於接受現狀，不容易東山再起；覺得人生的許多問題難度都很大，缺乏挑戰的勇氣。

✎ 他們的情感非常脆弱，對於別人對他們的態度過度敏感，別人批評性的話語很容易瓦解他們脆弱的自尊系統。他們看似非常清高，離群索居，實際上是因為感覺人類並不安全，容易帶給他們羞辱和羞愧的感覺。

✎ 他們默默無聞，不喜歡表現自己，也不願意引起別人的注意，彷彿他們的一舉一動不會有人真正在意一樣。他們的手機相簿裡很少有自己的照片，社群平臺也很少更新和自己有關的狀態。

✎ 他們在婚姻中感覺到配偶忽視自己的時候，充滿了一種原始憤怒。在這種憤怒的支配下，他們對於性這樣一種表達親密關係的方式充滿了抵制，他們對於和配偶做愛的衝動會完全消失。男人有可能成為婚後的「柳下惠」，女人有可能成為婚後的「小尼姑」。

✎ 他們和母親的關係通常不好，和父親的關係也存在著很大的問題。有些只是文化上的關係，他們可能對父母更加孝順，但是，在那個孝順的背後，是小時候從來沒有得到過認可的一種試圖補償的努力。

✎ 他們自己的欲望水準都比較低，在生活中可能會對配偶以及家人在物質和家務上過度付出，但是卻捨不得放縱一下自己的欲望，似乎有自虐傾向。

✎ 他們的手機上一般只有至親的電話號碼，很少有朋友和外人的聯絡方式，他們對人是很疏離的。

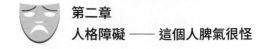
▌諮商心理師的建議▌

擴展思維的廣度。任何心理疾病都存在著認知上的局限性，調適的方式無一例外是擴展自己的認知。同樣一件事情，是不是可以有多一些的解釋，或者從多個角度去解讀外界的訊息。

比如：今天早上出門的時候跟愛人說，把洗衣機裡的衣服晾晒到頂樓上去，然後晚上回家卻發現衣服晾晒在自家的陽臺上。這個時候，其實可以有一百種解釋，比如愛人今天忙，沒有時間拿到頂樓；愛人早上沒有聽清楚我說的話，或者聽反了；今天的某個時段天空的顏色有點變化，愛人以為會下雨，所以提前收下來了……

對於一個心靈曾經受過傷害的人來說，他的思維並不是不能想到這些，只不過他的第一反應限制了他去拓展自己的思維。因為他的第一反應是：對方不在乎我，覺得我說的話不重要，對方忽視我的話語。

當這種第一反應產生的時候，他沒有能力進入第二反應，也就是思維拓展階段的其他解釋。從這裡可以看到，任何心理疾病都可以看作是創傷後壓力症，因為在受傷的人的心裡，一直停留在受傷時候的原初情境裡。他會把親密關係裡的互動體驗為當時被撫養者忽視的痛苦感受，他待在這樣的感受裡不能自拔，不能產生其他的感受。他嵌入了自己的第一反應，無法做出其他反應。

所以，調適的方法就是明白這個原理，然後突破原初情境對自己思維的限制。可以透過不斷的自我覺察完成這項工作，也可以透過專業的諮商心理師的幫助來完成這個任務。

第三章

憂鬱障礙 —— 揮之不去的心理陰霾

憂鬱症：當一個女人遭遇無性婚姻

趙霜憶，女，32歲，碩士畢業生，銀行職員

讀研究所期間，我曾經有一段不明朗的感情，我們在一起很多年，彼此喜歡，但是都沒有說破。到我工作以後，另外一個男人猛烈地追求我，並且為我做了許多事情，所以我和他開始了戀愛。一段時間以後，先前那個男生開始對我表白他對我矢志不渝的愛情，我陷入糾結之中，因為我真正喜歡的還是先前那個男同學。但是，我無法對後面追求我的這個男生說「不」。最終，因為不想傷害兩個都真心愛我的男人，我做起了逃兵，迅速辭職，離開這座城市，去另外的城市上班。

直到遇到我的老公大銘，才結束了我的單身生涯。

新婚之夜的晚上，當客人散盡，我們溫馨的臥室裡就只剩下我和老公的時候，奇怪的事情發生了。老公開始玩手機，迴避著我，我也幾次去拉他的手，把我的頭靠在他的肩膀上，他也就是對我笑笑，又繼續把頭埋下去看手機。聯想到和大銘登記結婚的那天晚上，也是同樣的情形，當時我們是睡在一張床上的，但是大銘對我沒有絲毫企圖，當時我就很惱怒地大哭起來，但還是心存一絲希望，是否要等到結婚的酒席辦完以後，他才會和自己親熱，然而……

　　第二天，第三天，第四天⋯⋯之後的夜晚，都是新婚之夜的重複，我開始懷疑了，問他是不是同性戀，他回答說不是，而我感覺也不是。他是一間知名企業的高管，收入非常高，他把收入全都交給我，除了性，他在生活上對我非常的好，幾乎是到了體貼入微的地步。我們是和大銘的媽媽居住在一起的，每當我和他的媽媽發生不快的時候，他都是遷就著我的。結婚以後，他還以我媽媽的名義買了一間房子給我媽媽，所有這些都可以證明他不是同性戀。而且，在下班以後的時間，他都是在家裡待著的，很少外出，除了房事，該和我親熱、擁抱的，他還是都會和我做⋯⋯

　　在我之前，他有過兩任女友，其中第二任談了 5 年。5 年，難道在那 5 年之中，他們之間什麼也沒有發生嗎？

　　我百思不得其解了⋯⋯

　　很長的時間就這樣過去了⋯⋯

　　有一個夜晚，睡前我把自己打扮得很性感，我們互相都喝了點酒。然後，我很主動地去和他親熱，他有了一點點反應，然後他也試圖進來，努力了很久，卻始終無法進入我的身體。

　　第二天我就去醫院檢查，因為我懷疑自己是石女，醫生在檢查之後告訴我，我的處女膜都還完好地保存著呢，我也不是什麼石女。

　　我問過他要不要去看醫生或心理師，但是，每當我說到這個話題，他的臉色就變了，而且再也不理會我，有時甚至長達幾天。直到我終於相信這個話題是他最禁忌的話題，是我們之間不能提及的一個話題之後，我沉默了，我緘默了，我不能再說話了。

　　老公長得很帥，收入高，對女人又很體貼，雖然有時候有點大男子主義，但還在可以接受的範圍內，按理不至於到 36 歲才結婚。我突然感

到我能夠明白他的前任女友的感受，也能夠明白為什麼他的戀愛都是無疾而終，直到我這樣一個到了30歲都還是處女的女人的出現，終結了他漫長的戀愛生涯，但同時也開啟了我漫長的一個又一個的難眠之夜……

在一個設計非常溫馨的床上，在一個我專門設計成心形的大床上，鋪滿了紫紅色系的床上用品和紗帳。所有的一切，都是為了裝進我對一個男人的依戀與親密。但是，每個夜晚我看著他安然入睡，而我輾轉反側，無法入睡。

我很可憐大銘，我知道在他出生之後的第47天，他媽媽因為不喜歡小孩子，把他送給了別人撫養，他媽媽和他爸爸長期兩地分居。大銘10歲的時候，回到了媽媽身邊，但是婆婆一直在外面值夜班，公公仍然一直在外地上班，10歲的大銘依然孤孤單單，沒有人陪伴他。

他睡覺的時候很像一個孩子，一個沒有媽媽疼愛、不得不獨自入眠的孩子。最開始我看著這幅畫面是憐惜的，但是到後來，我開始恨我的婆婆，我覺得老公的性無能和我婆婆是有關係的。

大銘每次抱著我的時候，都好像這個世界上只有我一個人陪伴著他，他是那樣的投入和深情。我能夠從大銘的擁抱中感覺到他對我的依戀，我感到連離婚這樣的想法對他來說都會是天大的打擊。

我的善良支撐著我把這樣完全無性的婚姻過了整整一年。一年之後的某一天夜裡，我終於忍耐不住，對他咆哮起來，同時還去抓扯和撕裂大銘的臉和衣服。那一刻，平時溫柔體貼的我變得有點歇斯底里，我意識到了自己的仇恨是那麼的強烈，這個叫丈夫的人給不了我一個女人應該擁有的本能的親密，他剝奪了我的某些很重要的東西。而他卻以為可以透過別的東西來彌補我，然後要我一直陪伴著他，來為他的性無能殉葬，這是多麼自私的男人啊！

　　整整 300 多個夜裡，面對著一個對女人的胴體毫無感覺的男人，我有時候都會懷疑自己還是個女人嗎？我媽媽曾經是校花，其實我也一直是校花，對自己的身材和長相是很自信的。為什麼到了這個男人眼裡，我的青春胴體都如同不存在呢？

　　我最好的朋友對我說：也許，妳可以去嘗試一下，為他生一個孩子，讓他知道自己是可以的，也許就能把他的男性本能喚回來。

　　我認為也只有這樣一條路了，我把孩子的出世看成是自己婚姻有可能得到解救的最後一條路。回家之後，我和老公說了這件事情，老公對此顯然也是不置可否。於是，在我算好的某一天排卵期的日子裡，我為老公買了威而鋼，大銘吃下之後幾經努力，我們之間終於有了一次性生活，隨後我順利懷孕。

　　懷孕以後的日子和以前並沒有什麼不同，大銘依然每天晚上酣睡在我的身邊，對我依然沒有任何慾望，並沒有出現我朋友設想的那種情況 —— 透過懷孕，讓他知道他是可以的，然後喚起他的雄性本能。

　　他每天晚上依然會早早地上床，睡在他的那一邊，把他的眼睛緊緊地閉起。這種對我的拒絕和排斥依然和沒有懷孕的時候一模一樣。

　　我終於覺得自己走到了無路可走的地步。

　　……

　　高高的頂樓的風，吹得我生疼，我反應過來，我不能就這麼跳下去，肚子裡的寶寶已經 6 個多月了，有時候我會和他說話，有時候我能夠感覺到他在用他的小腳踹我。那一刻，我能夠感覺到生命的律動在對我注入一些能量。

　　媽媽驚叫著我的名字，已經找到了站在頂樓的我，看到媽媽向我衝過來的那一刻，我竟然有一些連自己都很吃驚的快意。但這種快意很快

就被媽媽疲憊而憔悴的表情所覆蓋，取代的是一種深深的內疚。

懷孕以後這 6 個多月，我已經幾次試圖自殺，每一次自殺行為實施之後，媽媽就會被大銘罵得狗血淋頭。有一天，老公在我枕頭下面發現了一把長長的水果刀，然後大銘衝動地和我媽媽動起手來，老公是在怪媽媽沒有看好我，讓我有機會一次又一次地實施自殺行動。但是，媽媽也不可能 24 小時看住我，我總是有機會從媽媽的眼皮底下逃脫，去和我的另外一個世界對話。

第二天，老公把我送進醫院住院治療。診斷是重度憂鬱症。

在醫院裡，各種藥物和點滴，很難想像對我肚子裡的孩子會有什麼樣的影響，這使我焦慮萬分，但我又控制不了自己的憂鬱情緒。當這樣的情緒一上來的時候，我的整個天空都是灰暗的，我看到的世界都是毫無生氣的，病懨懨的。這使我不得不繼續依賴藥物來供給我基本的生存能量，我僅存的力量都是用於思考：我要怎樣熬過 37 週，然後可以剖腹產讓我的寶寶提前出生。

終於熬到 37 週了，一個清秀的兒子出生了，母愛的本能激起了我生存的意志。孩子看起來沒有什麼問題，我想要給他餵奶，但是這樣做就必須得停止吃抗憂鬱症的藥。這個做法有點冒險，但是為了孩子，我決定要嘗試一下。

兩週以後，我和媽媽抱著孩子去體檢，聽到護理師說我兒子聽力沒有過的時候，我腦袋一暈，對自己的各種無情譴責的聲音在耳朵裡迴盪個不停，那種聲音是如此的嚴苛，那責怪我的形象是如此的嚴屬……後來，我的食慾和情緒又開始出現問題，雖然腦海裡也想到過貝多芬，也想到過這孩子如果聽力有問題，我要如何面對自己給他帶來的不完美的人生，但終究自己也是無力再承擔任何不幸的一個脆弱的靈魂。幾天以

後的一個清晨，我把家裡的一瓶安眠藥全部吃下……

我再次被送進醫院的身心科。

從 ICU 轉到普通病房之後，我隔天晚上就可以回家去看看兒子，看完之後，我還是會回到醫院睡覺。我害怕家裡的夜晚，我害怕面對我的老公。我不能回家，那是一個會讓人害怕的家，那是一個會讓人抓狂的家。

家是一套 28 坪的房子，三房一廳，曾經被我精心裝潢過的家，現在在我心裡卻如同一座城堡，一個會吞噬掉我的青春、我的美貌、我的年華、我的激情、我的盛宴的城堡，會把我變成一個形銷骨立、風韻盡失的女人。在那座城堡裡面，我最終會失去我自己，或者說，我已經失去了我自己，如果繼續回到那個家，我會被吞沒得屍骨無存。

▌解析▌

第一次和趙霜憶接觸之後，當天晚上，臨入睡之前，我頭腦裡閃現的一直是趙霜憶那張如同死灰一般毫無生氣的臉和一雙呆滯的眼睛，傳遞給我太強烈的死亡氣息，以至於我竟然差點失眠。說實話，我接觸過許多憂鬱症患者，但嚴重到這種程度的憂鬱症患者，我還真的是第一次遇到。

而且，我心裡很奇怪的是，一個如此重度憂鬱的患者，她的心裡一直糾結的還是孩子的健康，以及老公和婆婆會怎麼看待她在憂鬱症發作期間不斷地打點滴吃藥給胎兒帶來的影響。心有所繫，人容易焦慮；心無所繫，人容易憂鬱。但是這個心無所繫，並不是真的無所繫，是因為焦慮過度了，這個焦慮是主體所無法應對的情景，主體感覺到自己失控了，才導致憂鬱的。

一個受過高等教育的現代女性，為什麼會在遭遇無性婚姻之後，陷入如此深度的憂鬱情緒之中呢？

　　她出身名門，外公外婆是當地的大學教授及行政主管，曾經介紹了一些門當戶對的對象給媽媽臨猗。但是，向來被父母所控制的臨猗根本不去相親，而是自己找了個丈夫，不顧父母的反對下嫁了，生下霜憶之後，父母才認可了她的婚姻。

　　但臨猗並不是很愛自己的丈夫，所以和丈夫時常冷戰，丈夫卻很喜歡臨猗，喜歡而得不到，這挫敗了丈夫的自尊心。於是，丈夫頻繁外遇，緋聞不斷。到臨猗 5 歲的時候，父母已經分居，臨猗過上了守活寡的生活。

　　得不到娘家支持的婚姻，父母在經濟上也不願意幫助臨猗，臨猗所在的公司破產以後，從事的第二份工作收入很低，不得不倚靠丈夫家庭的供給。

　　霜憶出生以後，丈夫家庭是不喜歡的，他們想要一個兒子。所以臨猗很不服氣，就按照兒子的要求去培養霜憶，她發誓，一定要把霜憶培養成一個優秀的孩子。

　　臨猗把自己所有的精力都用在了培養霜憶上面，她對霜憶的要求極其嚴格，包括霜憶到了高中，每天放學回家的時間，媽媽都是卡著碼錶計算的，應該什麼時候到家，晚歸了要如何跟媽媽解釋，是霜憶每天要去考慮的事情。

　　她知道媽媽的婚姻不幸福，也知道自己的出息可以改變媽媽的人生軌跡，她從媽媽傳遞給她的這些訊息中敏感地覺察到自己的人生所包含的某個部分是和媽媽的人生捆綁在一起的。她從出生就注定要過不止屬於她一個人的人生。

　　從小到大，她的成績都非常優異，直到父親家族的人都認可了她是一個比男孩更優秀的女孩，她們母女倆在婆家的地位才算是穩固下來。

可是，霜憶再怎麼優秀，也改變不了父母的感情現實，改變不了臨猗守活寡的婚姻現狀。

從霜憶出生開始，她就不能為自己而活，家族裡不喜歡她的女性身分，導致媽媽在丈夫家庭裡面沒有地位，所以，她不能比男孩差。這是她身上的第一根繩子。其次，她敏感地覺察到，媽媽是為了她而待在一段不幸福的婚姻關係中的，所以她似乎是帶著原罪而來的一個人，而贖罪的唯一途徑就是努力成為媽媽想要的那個模樣。

所以，霜憶努力讀書，從來不惹媽媽生氣，在媽媽用碼錶卡著計算回家時間的情況下，她選擇的是配合媽媽。從小到大，她都是一個品學兼優的孩子，她就是大人口中的「乖寶寶」。

一直到 30 歲了，霜憶都還是一個處女，是因為媽媽教育她要潔身自好，在婚前是不可以和男生發生性關係的。類似的教育很多很多，所以我也在思考教育過度對一個孩子的影響會是什麼。

而在我的臨床工作中，出現心理問題最多的就是這些「乖寶寶」。

為什麼乖寶寶容易發生心理問題？我想，這是因為一個孩子壓抑了自己的天性去配合大人，成為大人喜歡的那個樣子的時候，恰恰是他異化的第一步，因為從他成為別人喜歡的那個模樣的時候開始，他就不可能再喜歡自己了。

一個不喜歡自己的人，很容易成為掉進憂鬱情緒之中，然後「設計」殺死自己的人。因為只有在選擇殺死自己這件事情上，他可以為自己做主。

以前，每次去我孩子的學校開家長會的時候，總有家長在和老師「密謀」怎樣使自己的孩子成為一個聽話的乖孩子。現在再來看這些家長，感覺他們如同戕害者一般的可怕，他們需要另外一個人成為木偶，

完全服從自己的意志，不和自己較勁，這些家長究竟有多懼怕一個和自己的設想不一樣的孩子？有多懼怕一個有自己的獨立思想和自主意志的孩子？

趙霜憶就是一個聽話的孩子，正是因為她的聽話，所以她才一步一步地走到今天。

首先，在她青春年華的時候，有兩個條件都很優秀的男生同時表達愛慕她的時候，她沒有勇氣遵照自己的內心意願對其中一個人說「是」，對另外一個人說「不」，而是選擇了逃跑，同時拒絕了兩個人。她沒有學會為自己的幸福做出選擇，也許是因為她潛意識之中認為自己是一個不值得擁有幸福的人。

其次，在她結婚後，發現丈夫是一個性無能的人，她完全可以選擇離婚，但是她沒有這樣做，她在這樣無性的婚姻裡面，待了一年多，直到好朋友跟她說，妳想辦法替妳老公生個孩子，說不定可以改變他。

她竟然相信了好朋友的這句話，想辦法懷孕了，懷孕之後，老公對她依然如故。這個時候，其實還有其他的選擇，比如人工流產，再離婚，然而她依然沒有，她覺得她應該把孩子生下來。

可惜，在懷孕期間，她情緒無數次極度崩潰，無數次實施自殺，她在用憂鬱症告訴自己，她不接受這樣的現實。然而，她和內心隔離得太遙遠，她聽不見自己的聲音，她繼續懷孕，繼續擔心胎兒的安全，繼續擔心老公和婆婆怎麼看待胎兒有可能因為藥物致畸。

然而，她所有的擔心都敵不過她想把自己和胎兒「殺死」的衝動。

所以，這是一個矛盾的旋律，一直出現在懷孕以後的霜憶的心靈中，而她聽不到，辨認不出來。

我曾經對她說：雖然憂鬱讓妳的感受很不好，但是這種情緒卻是非

常寶貴的，它一定是在試圖告訴妳，有一些內心的真實意願，是妳沒有聽到的，所以用憂鬱來提醒妳。妳去看一看，看看妳能不能體會到妳真正想要的是什麼⋯⋯

那個時候的霜憶是很脆弱的，心理諮商對這樣重度的憂鬱症患者，只是藥物之外的一個支持而已。她聽到了我的話，然而她的頭繼續深深地埋了下去，她是那麼的無助和無力⋯⋯

在霜憶的成長過程中，父親是一個缺失的角色，是一個被媽媽的話語所排斥掉的角色。她一直和父親很生疏，甚至到父母分居以後，她和父親有許多年都沒有聯絡，所以霜憶的生命早期裡，是和父親「分離」的。

經歷過客體喪失和分離創傷（包括父母離異的喪失）的患者會比其他類型的患者在之後更頻繁地出現憂鬱。他們時常覺得無助、希望渺茫、無法改變生活的道路或狀態。

在依戀方面，他們會依賴所擁有的人和自己覺得值得依賴的人，總是害怕失去他們，或失去他們的愛和認可。因為患者內心的自尊不夠強大和穩定，他們需要從這些「理想化客體」那裡得到所期待的認可和肯定，從而覺得自己是有價值的人、配偶、母親或一個團隊的成員。因此他們的自我犧牲更多，放棄自身的需求，去滿足他人的期許。

所以，霜憶在面對一段根本不適合待下去的婚姻關係的時候，決絕地離開丈夫其實是一種很困難的選擇，因為她會首先考慮丈夫的感受。其實憂鬱症患者通常是人際關係中的「好人」，因為他們總是壓抑自己的需求，去討好別人。因為依賴於對方對自己的好評和好臉色，憂鬱症患者犧牲了自己的真性自體，以一種無力的假性自體去迎合對方，長久的假性自體最終導致患者無可避免地自我否定以及對生存感到無力。

　　有一個問題是值得引起關注的，那就是，如果沒有遭遇無性婚姻，趙霜憶會憂鬱嗎？我的感覺是，還會的。如果遇到其他打擊，患者同樣會憂鬱。因為她並不明瞭自己需要的是什麼，她活著總是為了另外一個人在活著，這另外一個人，有時候是媽媽，有時候是丈夫，有時候是兒子。她唯獨不允許為了自己而活著，自己如果有什麼欲望，彷彿是背負著很大的罪過一樣。這樣的人很容易憂鬱的。

　　患者在聽說自己的兒子聽力沒過之後，就再次選擇吞下全部的安眠藥自殺。患者希冀自己的一切都是完美的，兒子也是自己的一部分，兒子的不完美意味著自己的不完美。患者對於完美的追求同樣不是為了自己，而是為了滿足那個貪婪的大他者的希冀。在潛意識幻想中，患者無法面對自己的不完美所導致的可能的愛的喪失。（這在起源上也可能首先就來源於患者的女性身分帶來的恥辱感）

　　患者的誇大自體崩塌之後，所面臨的自體破碎的感覺導致患者寧可毀滅生命，也不願意生命在不完美中延續。

　　所有的憂鬱往深層裡分析，都是關係出了問題的一個結果。在她年幼的時候，媽媽生活在自己的痛苦之中，看不到孩子本身的存在，媽媽這面「鏡子」的失靈，導致她沒有辦法接近自己的欲望。結婚以後，丈夫也沒有能力看到她的存在，無法鏡映霜憶作為一個女人存在的價值。一個看不到自己存在的人是很可怕的，在這樣荒蕪的世界裡，殺死自己，或許就是她的應對「策略」。

憂鬱症患者認知上的局限性

　　憂鬱症患者常常有認知上的歪曲，而自己卻不自知。所以，挑戰他們認知上的歪曲會收到比較好的效果。

比如一個女孩傳了一條訊息給一個男孩，對方許久沒有回覆，這個女孩的心情就很低落，覺得那個男孩是不喜歡自己了。這個時候，她的頭腦裡很難會有其他的解釋，比如他今天是否沒帶手機？他手機是否沒電了？他今天在忙工作嗎？他是否覺得我這個訊息沒有回覆的必要？他是否在看了許多的訊息之後，忘記回我這條訊息了？

其實事情往往有許多種可能性。但是，對於憂鬱症患者來說，一件事情的發生，只有一個可能性，那就是他不在乎我了，我不重要，我不可愛，我沒有價值……

當一個人這麼想的時候，他是很容易去攻擊自己的。一個總是攻擊自己的人，心情哪裡能好得起來呢？

甚至憂鬱症患者似乎自帶了某種程式而來，這種程式裡已經寫好了「我不重要，我不可愛，我沒有價值」。然後再去收集和這個程式吻合的訊息，而對於和這個程式相反的訊息，他們是視而不見的。

所以他們似乎天生就是林黛玉的胚子，只等著賈寶玉們上鉤而已。

其實憂鬱症患者都是一些智商比較高的人，智商低的人很難罹患憂鬱症。那麼，既然是智商高，為什麼在簡單的邏輯推理上都會出現巨大的局限性呢？

事實上，任何一種精神疾病都可以被視為創傷後壓力症。患者在早期一般經歷了撫養者的情感忽視或者是虐待，在這樣反覆的互動之下，患者就形成一種條件反射，別人不可能真正地喜歡我、接納我。但是，這樣的想法是很有創傷性的，平時都是被患者的意識所潛抑了，一旦遇到親密關係裡的人和自己互動的時候，對方有些許的忽視或者忽略自己的跡象，那些創傷就會被啟動，然後爆發出來，要麼攻擊自己，要麼攻擊對方。

其他心理疾病的人多半是攻擊對方，但是憂鬱症患者卻傾向於攻擊自己。這或許是因為憂鬱症患者在早期是感受過被愛的孩子，所以，對於被愛懷著一種夢幻般的期待。在這樣的期待之下，患者傾向於攻擊自己，認為是自己不好，似乎只要自己努力了，那份愛就會重新回來。

▌諮商心理師的建議 ▌

對自己的要求不要太嚴苛了，雖然這種嚴苛是內化父母的要求而來，但是還是要學會調整看待自己的方式。

憂鬱症患者有一種完美主義的傾向，覺得自己的一切都應該是完美的，不能出絲毫的差錯，他也承受不起絲毫的差錯，彷彿一丁點的差錯就會導致巨大的災難一樣。這導致憂鬱症患者的神經容易處於緊繃狀態，當某一天他繃不住的時候，就會掉進憂鬱症症狀裡面去。

憂鬱症患者一般是從焦慮開始發病的，憂鬱症基本上都會伴隨巨大的焦慮。只是到焦慮繃不住的時候，掉進憂鬱裡去了以後，他的焦慮才彷彿消失似的。但是其實焦慮沒有走，始終伴隨著他，只是他的憂鬱掩蓋了焦慮而已。

沒有人的人生是完美的，完美不會導致你變得更好，完美常常意味著癱瘓。因為靠完美的目標來指引行動，你會因為達不到自己設想的目標而開始自我譴責，自我挫敗。

學會與內在那個挑剔的父母對話，告訴他們，其實我已經做得夠好了，你們看見了嗎？每當自己做了一件還不錯的事情的時候，要學會自己抱抱自己，安撫一下自己。

看問題不要只看見負面訊息，對正面訊息視而不見。

憂鬱症：我的生命如同是別人的生命

吳化梅，女，大學教授，70 歲

爸爸是某知名中學的教務主任，嚴厲，從來不笑。2 歲半前，爸爸教我做算術題：1 ＋ 2 ＝ 3，第一次我做對的時候，爸爸買了一包七彩顏色的水果糖給我，那幾乎是那個年代的孩子夢寐以求的東西。然後爸爸讓我接著把後面的算術題做完了再吃，我一粗心，就在 2 ＋ 2 後面寫了個 3。爸爸馬上把那包糖甩到四合院的天井裡去了，我看著那包糖被雨水漸漸融化，低下頭去，不敢看爸爸陰沉的臉……

我一直很怕他，有時候在做事情的時候，不小心打破一個杯子什麼的，爸爸就會對我揮起拳頭。他通常不會真的打下來，但是，那個揮拳的動作卻讓我覺得自己很羞恥，連一點小小的事情都做不好，讓爸爸那麼動怒。在爸爸陰沉的臉色裡，我對自己的一舉一動非常留意，做事變得小心翼翼，唯恐出錯。

在大弟出生以前，幼稚園的老師說我是「笑笑」，整天都很開心的樣子。但是，大弟出生以後，我的笑容就漸漸消失了。

兩個弟弟相繼出生之後，媽媽把家裡的許多家事都分給了我來做，即便是在寒冷的冬天，媽媽也要我早早地起床生火做飯。如果起晚了，

媽媽的臉色會很難看，嘮叨也會跟隨而來。如果飯煮糊了，媽媽也是同樣的反應。

那個時候我很明顯地感覺到弟弟們的特權，他們睡在溫暖的被窩裡，等待著我和媽媽在廚房的一陣忙碌之後端上桌子的早餐。

即便弟弟們大了，媽媽也不會讓他們做家事……

如果是我和弟弟們一起去做的某件事情做錯了，回家後挨罵的人肯定是我。家裡好吃的好穿的，首先都是弟弟們的特權。

媽媽很縱容兩個弟弟，他們的脾氣都很怪，都沒有考上大學，事業發展也都不好，婚姻也很不幸福；在媽媽老了的時候，也不照顧媽媽，但是媽媽依然很寵愛他們。每次我拿回去孝敬媽媽的錢，最後都變成弟弟們的開銷了。

我一直讀到碩士畢業，然後在一所大學裡當講師，直到教授。媽媽老了以後，大部分的時間也是我在照顧著媽媽。但是，這一切在媽媽的眼裡都看不見，我彷彿從來沒有存在過，從來沒有她的兩個寶貝兒子重要一樣。

周圍的人都說我對媽媽很孝順，說我脾氣好，從來沒有對誰發過脾氣。

我是不會發脾氣，但是我會把自己的感覺變得很麻木，麻木到我自己都不認識我自己了。

丈夫是一個非常好的男人，是我的同事，也是這所大學的教授。但是，22 歲的我在和丈夫結婚的新婚之夜，也高興不起來，猶如是別人在結婚，雖然我是喜歡丈夫的。婚後這幾十年我們的關係都很不錯，但是我依然缺乏幸福的體驗能力。

我考上頂大的時候也沒有什麼感覺，考上碩士的時候也覺得如同是別人考上了一樣。

小兒子考上國立大學我也高興不起來；大兒子獲得他學院裡一個很高的獎項，我也高興不起來。

我覺得我對很多事情的反應都是麻木的，渾渾噩噩地生活了幾十年，不知道自己想要的是什麼。

如果遇到任何事情都用麻木去應對，那樣也就好了。可惜，在另外一些事情上，麻木跑遠了，焦慮卻走近了。

做一件事情只需要 2 分鐘，但是我要考慮兩個小時，我絕不能容許我自己犯錯，如果一旦犯錯，就會有如同大難臨頭的感覺……

有一次，一個朋友說要來我家裡吃飯，我擔心不能在他來到之前，把該準備好的廚房的事情做好，於是就心急得不得了，把廚房的一些碗都打破了……

碗被打碎的時候，我突然回到一個場景裡去，那就是小時候每天早上要早起為弟弟們做飯的情景。如果沒有在弟弟們起床前完成某些事情，媽媽就會不高興，接著就是數落。有一天早上，快到弟弟們起床的時間了，我還沒有烙好餅，而媽媽已經來到我身後，我轉身一看見媽媽，就把手上拿著的碗掉在地上摔碎了……

大兒子結婚前，我怕自己身體不好，參加不了，於是，焦慮症發作住院。

什麼叫高興和放鬆，我真的沒有體驗過，也許在替學生上課的時候，我是輕鬆的。但是離開教室，回到家中，一切都有如緊箍咒纏繞在腦袋上一樣，無法放鬆下來。

丈夫非常關心和呵護自己，但是我對丈夫的好一直都不是很習慣，覺得自己不配得到丈夫對我這樣的疼愛。

不管是開會還是什麼集體活動，我一般都是坐在角落裡面，我覺得

中心地帶裡沒有我的位置，坐在一個角落的時候，我反而會很安心⋯⋯

50 歲的時候，我無明顯誘因出現情緒低落，睡眠差，早醒，對什麼事情都沒有興趣，全身整天無力，不願意外出活動，不能勝任工作，覺得生活沒有希望，自己對不起家裡所有的人；曾經試圖自殺，被老伴發現後就放棄了，然後出現胃部不舒服，無法吃東西，檢查是胃炎。之後在醫院診斷是憂鬱症，給予藥物治療後好轉，期間可以正常工作和生活。

即便在我憂鬱症發作期間，如果媽媽有朋友或朋友的孩子需要我幫忙做什麼事情，她也會替我答應下來，然後催促我去幫忙，通常我無法拒絕媽媽。即便是陷入一種沒有情緒或者情緒很低落的狀態，我還是抱著一線希望，希望媽媽可以看到我對她的愛。每次媽媽都很開心她有一個這麼優秀的女兒，可以替她和她的朋友們辦事⋯⋯

56 歲的時候，我因為腿部外傷，行動不便，再次出現情緒低落，睡眠差，對外界事物的興趣下降。其實，一直就不是很有興趣，現在只是更沒有興趣了。

59 歲的時候，因為感覺工作壓力大，出現頭暈頭痛，摔傷後再次出現情緒不穩定，總覺得胃部不舒服，到身心科開藥後堅持服藥數月好轉。

4 年前，我小兒子和媳婦說他們決定不要小孩子，我們夫妻勸說無效後，我又再次出現頭頂部疼痛，心慌，煩躁，夜間入睡困難，早醒，前胸冰涼感，總覺得心裡不踏實，然後再次住進心理醫院。

這一次的藥物是帕羅西汀、贊安諾、心得安。

2 年前，兒子媳婦依然不要小孩，女兒女婿又鬧矛盾以及反覆思考自己要不要重新回到職場的問題，再次使我出現情緒緊張、心慌、胃痛、

失眠等症狀。自己一個人在家裡的時候心慌更明顯，覺得沒有安全感，不知道會發生些什麼自己難以預測的事情。又一次住院。

70歲的時候，我的兩個好朋友相繼去世，我就出現心梗、心慌、手腳冰涼，以致後來全身冰冷的症狀，再次情緒低落，失眠。

95歲的媽媽一直跟著我生活，我在沒有生病的時候，都會很精心地照顧著她。但是我生病的時候，我就沒有辦法照顧她了，我老公跟我兩個弟弟商量，讓他們來把媽媽接過去一段時間，兩個弟弟都找出各種理由搪塞。

而媽媽同樣找出各種理由為兩個弟弟辯解，如同小時候一樣，他們從來都是對的，錯的人只有我。

看著媽媽孤單的身影，我感覺，雖然我和她生活在一個屋簷下，雖然我們共同生活了一輩子，但是我們卻是兩個最熟悉的陌生人。

她從來沒有看到過我的存在，而我一輩子都試圖讓她看到我。但是，她依然轉過身去，眼睛朝向兩個弟弟所在的方向。

▌解析▐

有一次和她約好，下午2點鐘開始做諮商，1點55分的時候，我去到她的病房。她老公碰了一下她的手臂，70多歲的她就一骨碌地從床上爬起，很驚慌地對我說，刁醫生，不好意思，我設了鬧鐘，可能是老伴給我拿遠了，沒有聽見，我應該提前起床，去諮商室等妳的……

她臉上的神色是一種嚴重的自我責備的情緒表現，不知道為什麼，在這個70多歲的患者身上，還能夠看到這樣原始的早期施虐者的痕跡，我的心很痛很痛。我告訴她，還差5分鐘才到2點，而且因為考慮到病房裡的患者吃藥以後可能出現嗜睡的狀況，所以有時候我跟著主管查

房，就順便會來通知一下患者，諮商時間到了。所以，真的沒有什麼。
而且她已經和我做過幾次諮商了，她也是知道這一點的。

她無法原諒自己任何一個微小的錯誤，雖然人已經進入暮年，還反
覆出現焦慮症和憂鬱症，和她一直生活在那個嚴苛的大他者的陰影下
有關。

在她焦慮的時候，她還處在試圖獲得心中內化的大他者（big other）
認可的階段；而在她憂鬱的時候，她是在試圖尋找那個迷失的自我而不
得的狀態之中。

不憂鬱的時候，她是在為別人而活，她因為那個施虐者的嚴苛，沒
有機會把生命的能量返回來給自己，一輩子都試圖獲得父母的認可；憂
鬱的時候，恰好是她明白她所欲求的那個東西得不到的時候。這個時
候，她有一個機會來哀悼自己的喪失，面對自己的喪失，也許還可能會
有一個重生的機會。

憂鬱症的患者，常常會有比較好的人際關係，因為他們和人相處的
模式是壓抑自己，滿足別人，討好別人。但是時間久了，也容易因為這
樣的相處模式，再度掉入憂鬱情緒之中。

這個 73 歲的老人，從小就生活在一個不安全的依戀模式裡，父親的
暴戾和不可靠近，讓她對自己所做的事情要求完美，不能犯錯，一旦犯
錯，就如同大難臨頭一般，總是擔心會有什麼災難降臨在自己頭上。

一個人為什麼會記得自己 2 歲半的事情，是因為那裡有一個創傷沒
有被處理，所以那個創傷作為一段很原始的記憶被留存下來了。

在她 2 歲半的時候，有那樣性格的一個爸爸。那麼，在她其他年齡
階段，還是會和那樣的一個爸爸打交道，因為大部分情況下，江山易改
本性難移，除非是有什麼重大的生命事件出現，或者在有效的心理干預

的前提下，一個人的性格會改變，否則，一般情況下，一個人的性格是不會輕易改變的。所以，這個孩子在她人格形成的最敏感期和關鍵期，要反覆和這種性格的父母打交道，而正是這個反覆打交道的過程，塑造了這個孩子的人格。

憂鬱症患者為什麼傾向於自我攻擊？都是我不好，我不夠優秀，我做事不快速，我怎樣怎樣……這是因為他們和嚴苛的父母打交道的過程中，內化了那個嚴苛的父母對自己的評價和看法，從而變成自己評價自己的一把尺。

她雖然已經 70 多歲，但是還是看得出來年輕時候是個美人胚子，而且那種書香氣息依然保存得很濃很濃，使得她的氣質和談吐都和一般老太太不一樣，加上大學教授的身分等等。所有這些後來的努力，依然無法為她內在的低自尊和低自我價值感做出根本性的補償。

每一個孩子的成長過程中，自我的形成都有兩個來源，一個是自然發展的那個自我，一個是和父母打交道的過程中，透過父母的對待和鏡映所形成的那個自我。哪怕父母的鏡映是個哈哈鏡，孩子也會認同這個被扭曲的自我形象。因為父母是孩子的生命來源，愛的來源，孩子天生就習慣去認同父母的價值觀，哪怕那是扭曲的價值觀。

所以說，「龍生龍鳳生鳳，老鼠生的兒子會打洞」，如果年幼的孩子不認同自己的父母，也許連生存都會有問題。

這個孩子在她很小的時候，是一個被父母不斷否定的存在，在爸爸那裡，如果不優秀，就會有一個很大的懲罰等著；在媽媽那裡，她永遠也比不上兩個弟弟重要，她淪為一種為了兩個弟弟而存在的存在。那麼，年幼的孩子為了討媽媽開心，是真的會力所能及地去幫媽媽承擔許多家事。所有這一切，都是為了在媽媽的心中占據一個位置，占據一個

媽媽很不情願給的位置。媽媽可以很輕易地就給了兩個弟弟,但是,不論她怎麼做,媽媽的愛和擁抱,都不願意給這個大女兒。於是,這裡就出現一種賽局,我要怎麼付出,媽媽才會認可我。悲劇的是,小女孩不知道,無論她如何做,在媽媽這裡都是沒有指望的,媽媽認同的是自己身上不具備的男性優越的價值……

她依然不明白這一點,她拚命地讓自己優秀,考上了最好的大學,讀完了碩士,成為大學教授,成為唯一願意去照顧媽媽的孩子。但是,這些都不會被媽媽看到,唯一可以讓媽媽看到的就是,女兒是三個孩子裡最有出息的,如果她有朋友需要女兒幫忙,媽媽就會去跟女兒開口,因為媽媽知道,在女兒那裡,從來沒有一個拒絕……

所以 70 多歲的老人,心中依然藏著一個沒有被滿足、被愛和被看見的孩子。所以,這個孩子會定期生病,生病了,就沒有人來照顧這個媽媽。

如果這個孩子可以很勇敢地說,我不要去滿足你,我將會為了我自己而活,但是這是個兩難處境,因為那意味著曾經承擔生命的大部分內容,突然被抽空……

所以憂鬱症是人的一個生存困境的信號,一個求助的信號,一個需要被重要他人意識到的信號。

憂鬱症患者大部分是很乖的孩子,這麼乖的孩子是以犧牲自己的意願,達成他人的意願在生活著的,這是一種文化所鼓勵的善良。但是,在這些善良的背後,我感覺到的是心痛,因為他們是以喪失自我為代價,來試圖驅散心中的那份不被愛的恐懼的,這樣一種善良,誰用了,誰難受!

胃病,是一種很典型的身心疾病。它的含義是,我吃不消了,我無法再去承受許多加諸我命運裡的東西。但是推掉,又意味著是清空,真正的清空之後,拿什麼去填補生命的虛空呢?

▌憂鬱障礙的實質▐

憂鬱症患者雖然會表現出無數的形形色色的症狀，甚至包含了無數的軀體形式症狀。但是其實質卻只有一個：這個人找不到自己了，他把自己給弄丟了。

人是一種活在意義裡的動物。雖然我們的意識可以明白，其實人的存在是沒有意義的，我們都不過是宇宙長河裡的一粒齏粉，我們什麼都不是。但是，如果一旦要面對這個關於存在的真相，可能許多人都會憂鬱。所以，為了掩蓋存在的真相，我們替自己的存在構建出來一個意義，然後，把這個意義當作磨心，我們就圍繞著這個磨心旋轉。

比如為了父母的健康幸福而活著，為了孩子的成長而活著，再比如為了自己的事業發展而活著，或者為了家庭的完整和諧而活著，為了實現某個心願而活著……

而憂鬱症患者，就連這些東西都找不到了。他們如同一葉浮萍，沒有意義作為依託，在生命的湖裡飄啊飄啊，看不到希望，看不到明天。

人活著，一旦缺乏了意義，人就沒有了旋轉的磨心，就可能被拋出生命的軌道，成為一個自由旋轉的落體了。

沒有了意義，相當於失去了欲望，一個沒有欲望的人，和死人差不多。因為人活著都是有欲望的，沒有欲望的人，只有死人。

所以，憂鬱症的患者要把自己殺死，因為他覺得在他身上沒有意義的維繫，沒有欲望的支撐，活著和死了本來就沒有差別了。

所以，缺乏意義感，是憂鬱症患者的病理的核心。

那麼，憂鬱症患者為什麼會缺乏意義感呢？

我們普通人的意義感裡面，幾乎全都是和人有關係的。包括一個為了事業而獻身的人，也是在自我實現，自我實現的前提是什麼，是因為

我們得到了充足的愛，所以我們才能夠自我實現。實現給誰看？給愛我們的那個人看，證明我們存在的價值。

所以，一個憂鬱症患者一定是一個關係出了嚴重問題的人，他生命裡一定是找不到一個可以在情感上給他支持的人，找不到一個在情感上能夠和他真正產生連結的人了，他才會憂鬱的。

憂鬱症患者相當於是掉進關係的真空地帶的人。在那裡，他看得到其他的人，但是感受不到其他人的存在，也許其他人對他的愛是有的，但是他感受不到，感受不到就相當於是沒有。

只有和周圍的人失去連結的人，才會掉進憂鬱裡面去。因為缺了和人的連接，我們的意義感的來源就沒有了。

人是關係的動物，或者說，人是需要關係才能照見自己的動物，這兩句話都沒有錯。缺乏好的關係的支撐，人活著就不再有意義感，這就是憂鬱症患者必然面對的存在困境。

▌諮商心理師的建議▐

✎ 憂鬱症患者有一種認知上的傾向，他們傾向於把發生的事情歸因於是自己不好，所以覺得自己非常的糟糕，從而產生低自我價值感。調適的方法之一就是改變這樣的負性認知。

✎ 學會把自己的欲望和父母的欲望區別開來。過分地討好他人，最終的結果就是迷失自己。當一個人可以為自己而活的時候，生活才會顯得有意義。

✎ 學會表達憤怒，並且意識到別人對於自己表達憤怒的接受程度沒有
　自己想像的那麼差。如果總是壓抑憤怒，其實也無法和對方拉近距
　離，對方照樣能夠感受到自己的被動攻擊。表達憤怒，或許是建立
　真實關係的第一步。

憂鬱症：一犯錯就打自己耳光的女孩

文斐，女，22 歲，已考上研究所的大四學生

前男友是我的初戀，雖然這段戀情只持續了兩三個月，但這段戀情對我的意義很重大，我幾乎是把自己的全部感情投入了進去。一個從來沒有得到過愛的孩子，猶如飛蛾撲火一般地撲向一段感情，這段感情那麼快地盛開，又那麼疾速地凋零，重新把我打回一個沒有愛和期待的世界。

而我到大三才知道，前男友是和我大學期間最要好的閨密劈腿才和我分手的。知道這個事情以後，我整個人都不好了，閨密和我同寢室，我們的關係變得很緊張。

有時候，我在倒熱開水的時候，會產生一些幻想。在幻想中，我想把熱水倒在睡夢中的閨密的頭上，這樣她就永遠也醒不過來了；或者過馬路的時候，推她一把，讓她被汽車輾在車輪底下軋死……當然，這些都是我的幻想。

這些幻想讓我極度痛苦，但我又擺脫不了這樣的幻想，隨後，我開始出現情緒低落的症狀，偶爾還會出現幻聽，好似周圍有人在竊竊私語地議論自己。只是這樣的幻聽是一過性的，等我回過神來，就能夠知道那不是真的。

曾經去醫院做過心理治療以及藥物治療，醫院診斷是憂鬱症。在情緒低落的時候我會想自殺，而且這樣的想法不是現在才有，最早是從國小三年級的時候開始，就有想自殺的念頭。

其實，生和死只是兩條不同的路而已，並不見得生這條路就一定比死這條路好，有時候會有同學來勸我，我會很反感。對她們來說，喜悅平和的「生」是那麼的可喜，而對我來說，安靜孤獨地死去也是很美的選擇。而且，最重要的是，這個選擇是我的一個權利，我有這個權利做這樣的選擇。

同學勸我的時候會說，妳不為自己考慮，也要為妳爸爸媽媽考慮吧！當她這樣說的時候，我覺得我更有理由去死了。子非魚，焉知我的爸爸媽媽，和妳的爸爸媽媽不一樣呢？

我經常希望公車起火爆炸，希望地震，希望很多人死去。因為這個世界太不安靜，走到哪裡都很嘈雜，人也很多，想找個清靜地方大聲宣洩一下都不可能。

被好友背叛的痛苦，遠遠超過失戀的痛苦，這種痛苦持續了一年多，並且已經影響到我的學業。但是，對於一個連自己的生死都置之度外的人來說，學業已經不是我首先要去考慮的了。

我出生時是和父母在 A 市生活，因為父母在 A 市工作，對於和父母在 A 市生活的六年半的日子，我只記得教堂的紅屋頂和被父母關在地下室時一盞昏暗的燈光、無邊的黑暗以及地上的一些針頭……

其他的我統統都記不得了，在 8 歲以前的生命裡，不再有別的記憶。

父母出去工作的時候，媽媽就把我一個人反鎖在地下室裡，偌大的地下室裡，就只有我一個人。一個兩三歲的孩子，獨自待在地下室裡，會是一種什麼樣的感覺呢？地下室裡有一盞昏暗的燈，地上丟著一些針

頭，是一些人吸毒留下來的……

6 歲半，我被父母送回爺爺奶奶家，從 A 市回到 B 村之後。比我小 2 歲的親妹妹，聯合同住在奶奶家的表弟表妹一起欺負我。奶奶和我媽媽的關係很糟糕，所以奶奶不喜歡我，對我的態度也是冰冷的。

奶奶是一個感情冷淡的女人，即便說起死去的爺爺，也沒有任何的表情。她常常打我，打得也非常凶，我和她不親近，還很桀驁不馴，經常頂撞她。有一次，在我再次不服從她的指令的時候，她把我拉到熱鬧的大街上，讓我當著很多人向她下跪，我堅決不。我倔強的表情刺痛了奶奶，奶奶開始搧我耳光，威脅我說：如果妳不給我下跪，那我要對全村的人說，妳是一個什麼樣的不孝女！以至於後來我在街上走著，都能聽到別人議論我。

國小三年級的寒假，剛好爸爸春假回家期間，我和妹妹還有表弟表妹一共四個人在一間房間裡做數學作業，爸爸在我旁邊守著，做錯一題打我一耳光，做錯一題打我一耳光。我就更加緊張，腦中一片空白，錯得也就更多，爸爸就一直打一直打……

我上了國中以後，父母結束了在外地工作的生涯，回到了 B 村定居。這個時候，才是我黑暗時代的真正開始。

整個國中和高中，父母都限制我的人身自由，放學以後，不准我出去找同學和朋友玩。我從國中開始以後就沒有朋友，父母覺得我出去玩就會影響學習，就會變得不三不四，還說外面的人都是壞的。我很不喜歡被父母約束，每次躲在自己的小房間裡面，佯裝看書學習，實際上只是把書打開，一個字也不想看。

雖然每次考試我都是前三名，但父母從來沒有對我的成績滿意過。有一次我考了第一名回來，媽媽問到第二名的成績是多少，然後把臉沉

下來說了一句：「妳和第二名的差距太小了」。

媽媽脾氣性格暴戾，經常暴打我，爸爸有時候也會參與這樣的暴打。於是，父母的單打、雙打或者混合雙打，就在我的身體上反覆上演。除了毆打，媽媽還喜歡謾罵我，謾罵的內容裡有許多侮辱。

國中二年級的某一天晚上，我和媽媽在一起睡覺的時候，媽媽問我月經來了嗎？明明是來過的，我回答說沒有來，媽媽聽到後就開始生氣，就用腳去踢我，一直踢一直踢，想把我踢下床去，同時說些話來侮辱我⋯⋯

每一次被父母暴打，我都會有一種絕望的感覺。媽媽打我，一邊不停地打，還同時在絮叨：打妳是為了妳好，打在妳身上，其實痛在我心裡，懲罰妳，也是在懲罰我自己。

我經常懷疑我不是我父母生的，我想去做親子鑑定。

從小我的注意力就不是很集中，上課最多只能集中三節課，第四節課就不行了。做心理諮商也是這樣，大部分的時候可以集中注意力，但中途偶爾會恍神，有時也一直在聽，但有時候大腦就空白了，什麼都沒在想了⋯⋯

所有的事情，看書，學習，看電影⋯⋯都有這個問題，注意力都很難集中。

看書的時候，我會看看我還有多少頁沒有看，離我定下的目標還有多少，但儘管這樣，我卻又東摸摸，西摸摸，拖拖拉拉著不去看書，彷彿在和自己自己定下的目標較勁。然後考試的時間到了，該看的書還沒有完成，心中就開始焦慮。

大學科系是父母替我做的決定，我喜歡的是另一個科系，但是父母認為學那個不實用。

　　大學第一年，我盡情地玩，彷彿要把整個國中高中被禁錮的人身自由給玩回來一樣；大學第二年，想看書了，卻發現自己一頁也看不進去；大學第三年，依然如此……

　　每次我無法完成自己的目標的時候，我會自己打自己的耳光，就在前幾天，我狠狠地打了自己三個耳光。

　　和男友在一起的時候，如果他和別人多說上幾句話，我心裡都會很不舒服。那種被冷落的滋味是那麼的強烈，我也很驚訝我怎麼可以這樣地愛計較和吃醋。

　　和閨密鬧翻以後，在寢室裡那種被邊緣化的感覺又出現了，當然這種感覺以前就一直有。

　　總是覺得她們的世界我進不去，我的世界她們也沒有興趣，也不曉得她們是刻意地迴避著我，還是我們的價值觀真的不同……

　　以前和她們有個什麼矛盾，都是我在認錯，我不想和她們起什麼爭執，沒什麼意思。但是，心中的委屈感會一直存在。

　　最近這幾年，最大的症狀是對任何事情都沒有興趣，對老師交代的功課有牴觸，不願意完成，對待朋友也是如此……常常一個人哭泣，覺得自己活著是多餘的，無意義感，無價值感。

　　我今後不打算要孩子，甚至我不確定我能不能正常結婚。我對於別的生命，沒有多餘的熱情。我對我自己的生命都缺乏熱情。

▌解析▌

　　在中國《國際精神病學雜誌》2010 年第 4 期上，牛威、趙漢清兩位老師寫的一篇文章〈兒童期受虐與自殺〉裡面，有這樣的幾段話：

兒童虐待是一個重要的公共衛生問題，而且與不良心理、生理和社會影響關係密切。虐待行為是持續影響兒童發育成長過程的不利因素。兒童虐待包括性虐待、軀體虐待、心理虐待和心理忽視。隨著兒童期受虐史和成年人自殺關係研究的深入，發現自殺意念、自殺未遂、自殺死亡可能是兒童期受虐待所致的遠期危險結果。

其中，心理虐待是指：採用侮辱、貶低、歧視、譏諷的言語對待兒童，包括父母或監護人的批評、拒絕和侮辱。

心理忽視是指：對兒童長期、持續、反覆和不適當的情感反應，使得兒童在所處的環境中感覺不到溫暖和關愛的存在，包括父母或監護人沒有提供兒童有意義的呵護。

文章在之後就闡述了兒童期受虐兒童的大腦在神經生物學上的異常和改變，由於虐待發生在童年大腦發育的關鍵時期，嚴重的緊迫反應（stress response）會在大腦結構和功能打下無法消除的烙印。這種虐待會誘發分子生物學效應的串級反應（cascade reaction），造成不可逆的神經異常發育，早期遭受虐待兒童的腦電圖異常率明顯高於正常兒童。

我在諮商中發現，那些遭受過父母虐待的孩子，注意力都不容易集中。他的精力和注意力以及心思都得放在和父母的關係上，因為和父母的關係決定了他的生死以及生存品質，在越小的孩子那裡越是重要。所以，他們對自己內心感受的關注大於對環境的探索，他們對於別人怎麼對他的關心程度，大於對其他事情的關心程度，因此容易在注意力的集中上出現問題。

還有，幼年期遭遇虐待的孩子，在大腦神經系統的發育上都是有問題的，這也決定了他的注意能力的發展。

本案例的主角文斐就是一個遭受父母和奶奶情感虐待的孩子。在心

理諮商過程中，對文斐遭受虐待這樣的事實必須向來訪者指出來，因為這樣可以給來訪者很好的心理支持。她會明白，「哦，原來我不是壞孩子，我不是犯錯的那個人，我沒有必要為了父母的過失試圖戕害自己的生命，我的生命還是有價值的」。

我曾經替文斐的媽媽做過一次心理諮商，她媽媽告訴我，她出生的時候，因為是第五個女孩，所以她的媽媽把她丟在尿壺裡，試圖溺死她，後來被她的爸爸搶回來，才存活下來。而且她媽媽也經常拿很粗的棍子暴打她，下手非常狠，她一直到 10 歲都還遺尿，她同樣記不得自己 8 歲以前的事情了。

文斐對於自己 8 歲以前的事情，基本都是失憶的，母女倆共同遺忘掉自己 8 歲以前的事情，說明了什麼？

個體無法承受生命早期那些嚴重的虐待行徑，或者說個體意識到自己的主要撫養者對待自己的惡意的時候，嚴重的壓抑、遮罩和否認都可能導致個體遺忘生命某個階段的事情。

這是怎樣的一種家族性的強迫重複。外婆不喜歡媽媽，媽媽不喜歡她自己，媽媽也不喜歡文斐，她們對待自己的至親都有迫害和殘害。所以我就能明白文斐為什麼總是覺得周圍有人要害自己，並且自己也很希望這個世界毀滅掉才好。

年幼時候被至親虐待的孩子，長大以後不會相信這個世界上是有愛的，他們對世界有很多的恨意和敵意。

當文斐因為自己沒有完成學習目標，自己打自己三個耳光的時候，在心理諮商的過程中，她才明白過來，她打自己的節奏和速率，和當年爸爸打她時一模一樣！

年少時候的孩子必須認同自己的父母，他們的精神世界才能得以發

展。那個時候的他們無法判斷父母的價值觀是否正確，所以認同難免盲目。

她父母覺得她是壞的，是該被打的，她會沒有分辨地認同這個價值觀，認為自己是壞的，是該被打的。所以她打自己耳光的時候沒有憐憫，如同一個沒有思維的人。

父母之間時常打架、吵架和冷戰，每次冷戰期間，媽媽心情就會很不好，她很害怕看媽媽的臉色，經常都會覺得媽媽可能又會遷怒於自己。媽媽的臉色隨時會變，而且猜不透她什麼時候會變，她只能小心翼翼，不去惹她。但是，有時候，她又想去和媽媽說說話，她寧可媽媽罵自己，也不願意媽媽突然之間沒有了聲息，那似乎意味著會有更大的災難。後來她發現自己會刻意地去討好媽媽，看見媽媽生氣了就會驚慌失措；要看到媽媽和顏悅色了之後，自己才能安心。

這樣的性格特點在她後來的一切人際關係裡都有泛化，和同學相處，她都是盡量隱忍自己的需求，先去滿足同學的需求。但在滿足同學需求的同時，自己又會有憤怒，覺得同學怎麼能夠那樣得寸進尺，不斷地讓自己去為她們提供服務。

上了大學之後，她也是不斷地、主動地替老師做一些額外的事，所以老師認為她就是一個很熱心助人的人，遇到什麼事情都喜歡交給她去做。她內心的那種怨恨又開始出現了，為什麼是我，為什麼總是我？要去幫你們做許多的事情，你們才認可我？

和男友在一起的時候，如果男友和別人多說上幾句話，她心裡都會很不舒服。這是一種典型的不安全依戀。這讓我想起她才從 A 市回到 B 村奶奶家裡的時候，奶奶對他們 4 個孩子的區別對待。我想，從那個時候起，這個孩子就會特別在意這一點，在乎她擁有的資源是如此的稀

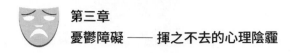

薄，如果不努力爭取，說不定落不到她身上來。這樣的感受背後是那麼的淒涼！

而且她經常幻想，自己某一天會突然得知，自己不是這對父母的孩子。在父母那裡，也只有父母的意志，沒有她的意志，她是不重要的，被忽略的。

所以她常常幻想自己是另外一個人，那個人是一個有許多才華，被人關注，被人仰慕的人，或者幻想自己是一個明星，或者幻想自己是古希臘神話裡的一個神。

▌憂鬱症患者內在的角色關係配對▌

憂鬱症患者的內在，是有這樣的客體關係的角色配對的：

◆ 配對一

甲方：對孩子的錯誤絕不饒恕的父母。

乙方：一個戰戰兢兢，小心翼翼做事的孩子，一邊用眼角餘光去觀察父母的表情，一邊繼續按照父母的要求去完成任務。

◆ 配對二

甲方：無論孩子怎麼做，都持挑剔的態度，害怕表揚孩子會讓孩子驕傲的父母。

乙方：無論我怎麼做，也不可能達到父母的要求，所以我很失敗，我很無能……

◆ 配對三

甲方：不肯輕易付出愛的父母。

乙方：對於獲得愛容易喪失信心的孩子。

憂鬱症患者通常會在這些角色配對裡轉換角色，在他和配偶的關係裡面，有時候他是甲方，透過投射性認同把配偶變成那個乙方；有時候他是乙方，時刻擔心著甲方會那樣嚴苛地對待他⋯⋯

憂鬱症這種疾病，時常出現在自戀型人格障礙和邊緣型人格障礙患者身上，或者說，也容易出現在思覺失調症患者的身上，作為一種共病（comorbidity）同時存在。只是，目前對於他們的關係尚未有詳細的描述。

憂鬱症往往提示一個人對自己的自我意象是極其模糊的，他太依靠環境中的人來為他提供認同和承認以及接納，並且保持著對自己頑固的負性評價。這導致他在遇到負性事件的時候，容易啟動他內在的那個負性的自我評判，對自己進行無情的自我攻擊。

當一個人連自己都不肯饒恕的時候，他肯定是會憂鬱的。

通常情況下，心理疾病的患者都是不良評判的受害者。所以，在心理諮商工作中，改變患者對自己已經養成的自動化的負性評判，是很重要的工作。

▌諮商心理師的建議 ▌

✎ 堅持一個星期每天早上起床跑步，你會發現憂鬱症會得到有效緩解，因為人在跑步的時候，身體裡面會釋放一種物質，叫做內啡肽（endorphins），可以很好地緩解憂鬱情緒。

✎ 心情不好的時候聽聽舒緩而美妙的輕音樂，對緩解憂鬱情緒也有幫助。

✎ 養一條狗或者一隻貓，養花草，或者去幫助需要幫助的人或動物。

第四章

雙相障礙 ── 狂躁與憂鬱的輪迴

躁鬱症：時而癲狂，時而憂鬱

李龍地，男，23 歲

大學一年級的暑假，我回到家裡。

我在學校的這一年，過得很坎坷，很不開心。但是，到暑假前的一段時間，我的表現卻是相反的，心情處於一種異常的開心狀態，覺得自己很厲害，感覺真理在自己手上。

回家後，時不時和我媽吵架氣我媽，當時和妹妹一起去幫家裡務農的時候，情緒很高昂，也經常逗得妹妹大笑。也經常去打籃球，狀態有如神助，奇準，投中籃框的感覺特別好，整個投籃動作很自如，覺得自己好像掌握了 NBA 式的投籃技術那樣。在此期間還不斷掰自己腳趾，使之增強抓地力，腦袋裡面有個理念就是突破自己，使自己的身體達到極限。

我曾在一天晚上喝下水龍頭裡經過太陽能加熱的很燙的熱水，是直接喝下的。甚至迷迷糊糊地在自己房間裡撒尿，最後跑到自己床上撒了，當時不是睡著了無意識這麼做的，而是有意識的。我現在已經忘了當時為什麼要這麼做，但在當時，做這一切都是有根據的，都是我根據腦袋裡面某個想法而這樣做的。那時還很怕照鏡子，把房間裡的大鏡子搬到了客廳。

　　一天晚上，我跑去打籃球了，沒想到機車騎到半路熄火了，發不動，於是把它推到機車行修理，因為我知道是我把家裡的柴油當作汽油加進油箱了。回到家中，我媽問我機車去哪了，我就謊稱沒油了，送到機車行去了，我媽便罵我，說我笨，說為什麼不把它推回家中，我便與我媽吵了一架。

　　到吃飯的時候，我爸又問我把家裡的鑰匙拿到哪裡去了，這兩天他一直在找鑰匙。我爸問了我很多次，剛好那段時間我又特別健忘，我說我沒拿，但是鑰匙始終沒找到，所以他還是懷疑到了我的頭上，我也有點懷疑自己了，也在找，心裡也有愧疚感。我爸說我的時候我感到委屈，所以我走出去冷靜了一下，當時已有淚花在眼角，後來回來時妹妹發現我眼神已有點異常，便說她再去找找鑰匙，但我爸還是暗示鑰匙是我丟的。此時我慢慢走到走廊，突然止不住地咆哮式地哭起來，情緒變得特激動，說我媽眼中只有錢錢錢，於是我開始砸錢包，開始理直氣壯地控訴人們為了錢忘記了快樂。當時鄰居和我的伯父伯母都在，我一直強調「和」跟「禾」同一個音，不要因為「禾」忘記了「和」，還有很多此類的類比⋯⋯

　　然後我開始哭，哭訴自己這十多年過得有多苦，還說到了怕舅媽，然後伯母說：「你不能這樣的，你舅媽對你那麼好。」於是我馬上說，舅媽對我很好，我暑假去打工她還很體貼我，那時的感受是很怕伯母會把我說的話告訴舅媽，這種恐懼其實一直都有。

　　我後來還出現過把褲子套到頭上去，然後用我的刮鬍刀剃自己的頭髮，拿一些冰來敷腳底⋯⋯

　　晚上我的情緒漸漸平息了，爸媽都跟我一起睡覺的，但是那天晚上我一夜沒睡，第二天早上肚子感覺奇餓，然後妹妹說她去熱一碗排骨湯給我

喝。當時我餓得特難受，彷彿肚子要穿了，就對妹妹咆哮說：妳快點啊，妳是不是想我餓死。等她把排骨湯端給我的時候，我沒等到拿筷子，就直接用手抓起湯裡的豬肉狼吞虎嚥地吃起來，但是吃下去後，那種肚子要穿了的感覺還是有。我以為我要死了，他們把我扶到床上，我開始對妹妹和媽媽說臨終的話，我抓起她們的手，告訴她們不要悲傷，我要走了。

後來，我突然跟我媽說我好怕圍牆，腦袋裡面全是牆內的人想出去，牆外的人想進來，我怕碰到圍牆，然後情緒又變得很激動，開始瘋言瘋語，說：還是應該分開，還是應該分開……做人要善良啊之類的。感覺內心無比掙扎……

後來他們開車送我去精神病院，我以為我去了醫院就會變成一個嬰兒，我在車上各種痛苦掙扎，我覺得我的身體在縮小，但其實並沒有。

到了醫院後，爸爸拖著我走，我摳著地上的土，想著金木水火土，我的名字裡有個土字旁，我不能離開土。然後我跳起來，好像思想不能受控制了……

到醫院不久，我情緒動作就慢慢平息了，醫生給我的診斷是思覺失調症。

第二天我一起床就大哭起來，心裡覺得很苦，跟姑姑講電話時，我聽到姑姑的聲音便開始啜泣。護理師來巡班，我驚慌不已，十分恐懼，又哭了起來。旁邊的老人開導我說：「年輕人，你遇到什麼事情了，壓力這麼大啊？」我慢慢跟他聊，但我又講不出我想表達的東西，情緒又變得激動起來，然後跑到地面上跳起來，醫生替我打針的時候我開始大喊大叫……

在醫院住院治療了一個月，我不會大哭大鬧了，但是有時候還是會突然很悲傷，想哭，常常會突然覺得自己快死了。

某天看了一篇文章，說大暑那天佛陀降生了，不能殺生，否則會死掉。我就是那個佛陀啊，而且我打死一隻蚊子，還吃了肉，那我肯定會死掉的吧？於是我的呼吸開始變得急促，護理師過來量血壓的時候發現，我的血壓出奇的高，但是過了一會兒再來測量，就已經恢復到正常值了……

有時候我相信自己真的是天才，我看天空的時候，能夠看到 DNA 分子的雙螺旋結構，還有，陳景潤不是證明了「1＋2」嗎？我覺得我已經找到了可以證明「1＋1」的方法，我離成功只有一步之遙了，怎麼還會待在精神病院呢？大概是有人嫉妒我的天才，所以設法陷害我，故意把我送進來了。

一個月以後，我出院了，關於自己是個天才的那些幻想沒有了，我不再能夠亢奮起來了。我發現我必須得面對內心那一股揮之不去的、深刻的自卑，於是我的情緒常常很低落，常常莫名地哭泣，有時候也會想到自殺。於是，父母把我送到了另外一家醫院，在那裡，我的診斷是雙相情緒障礙，治療了一個月之後，我基本恢復了正常的思維能力，情緒也逐漸平和。

我小時候特別淘氣，和一些行為不良的孩子混在一起，國小就開始打麻將，玩遊戲，出去偷東西，還偷父母的錢，晚上常常不回家，媽媽常常打我。儘管這樣，我還是時常考第一，到我六年級的時候，某次段考沒有考好，我媽媽單獨做出一個決定，把我送到了外地的舅舅家。舅舅是醫生，舅媽是中學老師，媽媽認為舅舅、舅媽能夠管得住我。

在舅舅家，從六年級生活到高中畢業，國中三年都住在舅舅家，高中開始住校，週末回舅舅家。舅媽是一個嚴屬的人，有時候聽見她訓表弟，我會很害怕，萬一她那樣對我，我怎麼辦呢？

　　從小我成績一直都很好，學測時超常發揮，考上了臺大，大一是正常讀完的，大一暑假開始出現精神問題和情緒障礙，治療後返回學校，但是無法完成學業。大二讀了兩次，還是讀不下去，最後休學。

　　家裡一般是媽媽拿主意，媽媽做主；爸爸是一個木訥的人，話很少，父母關係尚可，還算是比較和諧的，當然也談不上很親密。

　　11歲那一年，做出把我送到舅舅家去的決定的人是我媽媽，舅舅不能反對。但是，我和舅舅以及一個親戚在共同搭乘一輛車的時候，舅舅對那個人說道，他並不希望我去他們家，但是又不能對我父母表示反對。

　　和舅舅共同生活期間，我對舅舅的感覺是拘謹，對舅媽的感覺是怕她。

　　在舅舅家，有一些細微的分別對待讓我很不舒服，比如：表弟不看電視的時候，我可以自己選擇看什麼頻道；表弟在看的時候，我是沒有選擇頻道的權利的。某次因為看到表弟在看電視的時候玩手機，所以我才調整成自己想看的頻道，但是就被舅舅罵了，說我又搶弟弟的電視看。還有每次吃飯的時候，我一定要在吃飯前待在飯廳裡，否則舅舅就會說，你吃飯還要我來請你嗎？但是對表弟就不是這樣，每次都去他的房間裡叫他。

　　感覺自己在舅舅家是多餘的，寄人籬下的。

　　在舅舅家那幾年，感覺自己好孤獨，尤其是週末，沒有人帶我出去玩。

　　我曾經跟媽媽說過，不想去舅舅家生活。媽媽說，你不要這麼說，你舅舅對你已經很好了，每天下班回來還要做飯給你吃。

　　我覺得爸爸並不關心孩子的情感需求，和孩子的交流也很少。媽媽的脾氣很暴躁，我對她所說的話，並不會被她聽到。

我覺得我對父母、姐妹缺乏相應的感情，似乎自己是一個怪物一樣，不應該這樣，卻又這樣；做事沒有動力，方向迷失……

去了舅舅家之後，覺得自己不是那個最重要的人。然後和同學朋友在一起的時候也會覺得自己不可愛，不被歡迎，不被接納，不敢跟同學盡情地表達自己的想法。

大約從國中二年級開始，我慢慢地變了，我變得不愛說話了，少說話，可以少犯錯，可以少被指責。我很怕舅媽責備我，晚上我不敢玩電腦超過十點。看到舅媽教育表弟的粗暴方式，我更是厭惡並覺得舅媽可憐，因為舅舅一吃飽飯就去打麻將，什麼都不管。家裡通常就是舅媽和我們兩個孩子，而我總是躲在自己的房間裡不出來。

在我上面，還有 3 個姐姐，我父母都有嚴重的重男輕女思想，家裡什麼好吃的，好用的，都是給我一個人享受；家裡的農事，都是 3 個姐姐去做。

小時候，父母太寵愛我了，什麼都讓給我享受，在家裡，我是一個小霸王。來到舅舅家後，我什麼都要讓著表弟，而且我是一個不重要的人，這樣一個角色的轉變我適應不了……

諮商師在替來訪者進行空椅法（empty chair method）的時候，孩子對著對面的一把象徵著媽媽和爸爸坐著的椅子表達說：

媽媽，妳知道嗎？我到舅舅家會受很多苦，我的性格可能會變，你忍心看著我不開心地活著嗎？

媽媽，不要太功利了，不要太急功近利了，有些事，勉強不來的……算了，如果在我 11 歲那年，即便這樣跟媽媽說，媽媽還是會把我送去舅舅家的。因為她覺得那樣做，就是對我最好的方式。

爸爸，我覺得我是一個膽小懦弱的人，比如說我大學二年級輟學了，我在別人面前都不敢說，我也不知道要怎麼辦。其實我很希望你能告訴我怎麼辦，你可以勇敢地跟別人說，你可以大膽地跟別人說我輟學了，我希望看到你勇敢地面對事實，我能夠以你為榜樣……有一次我去醫院，別人問你，你兒子是高中畢業還是大學畢業？你回答說，管他國小畢業還是高中畢業，現在都是一回事啦！我希望爸爸你回答說我是高中畢業或者是大學輟學，而不是跟別人繞圈圈。可能是因為我太弱小了，我希望爸爸可以強大一點，在別人面前幫我把我無法說出的我輟學的事實告訴別人……

爸爸媽媽，我希望可以跟你們多一些有趣的互動，但是我們都不是很擅長講內心話的人，我希望我們的溝通不僅僅是事務性的溝通……

我最喜歡的是我笑得和花朵綻放一樣開心，而有好多年了，我的笑容都如同凍結了一樣……

▌解析▐

李龍地在 11 歲的時候被送到舅舅、舅媽家裡去生活，孩子並不喜歡這樣的生活，舅舅、舅媽和表弟，其實都不歡迎這個親戚的到來。這樣一個被拒絕的存在，卻在那個家庭裡生活了 7 年，這 7 年，孩子是怎麼過來的啊？

孩子曾經對媽媽說過：不想去舅舅家住了！媽媽說，你不要這麼說，你舅舅對你已經很好了，每天下班回來還要做飯給你吃。這個是事實，但是還有更重要的事實被做媽媽的忽略了，那就是孩子的感受被媽媽否定了。

媽媽否定了兒子的感受，因為媽媽覺得，兒子待在舅舅家裡，才會有一個更好的前途。為了這個前途，媽媽對兒子的感受置若罔聞。所以，媽

媽是一個情感隔離的人，對事物的判斷來自理智，而缺乏相應的感受能力。

情感正常的媽媽可能會去問，兒子，你為什麼不想去舅舅家裡住了呢？這個時候，媽媽願意進入兒子的內心世界去，兒子才能真正地感覺到自己是作為一個人在活著的，而不是作為一個被媽媽計畫中的「物」在活著的。這樣，孩子在媽媽的回應裡「看到」自己的存在，因而可以對自己的感受更加真切。

媽媽那句話的背後還有對孩子的指責：你怎麼可以這樣說你的舅舅呢？他們對你那麼好，你怎麼可以這樣不知感恩呢？於是，孩子會在「舅舅對我已經夠好了」的判斷和「其實舅舅並不接納我」的真實感覺之間掙扎。掙扎的結果，其實就是精神結構分裂的結果。

這個分裂的結果不一定是思覺失調症，躁鬱症也是一種分裂，狂躁的時候感覺自己的能力很強大，可以超越很多人，對能力強大的幻想，其實是對會被別人喜歡和接納的幻想。但是，這始終是一種幻想，幻想總是會被真實打破的，打破的時候，憂鬱情緒就來了，憂鬱的時候覺得自己不如任何人，可以把自己否定到完全沒有存在的價值。

一個成年的媽媽，可以在理智和情感之間做出完全不相關的分隔，並把這樣的情感隔離傳遞給孩子。但是，孩子的心智很不成熟，無法處理情感隔離這樣高難度的防禦機制。一個沒有辦法運用防禦機制的孩子，如同一個人裸體進入裝滿化學毒藥的房間，很快就會中毒倒下。

國中以後，他就變得特別自卑，覺得自己什麼都不如別人，而且對別人的話語很敏感，總是覺得別人瞧不起自己。

當一個人這樣看待自己的時候，是很難受的。為了掩蓋這樣的自卑和難受，個體會發展出另外一種情緒，那就是自大。

高中開始後，他在課堂上的表現過於活躍，總是在課堂上說一些與

課堂無關的話，同學開始排擠他，並替他取外號。後來他又暗戀一個女生，去告白後失敗，心裡遭受了巨大打擊，卻不敢跟任何人說。那時便懷疑自己得了憂鬱症，並變得很頹廢，怎麼也走不出來，經常對著天空仰望、發呆、凝視，心裡面總是想：我什麼時候才能告別憂鬱，做回自己？

在大學裡，同學們和他說話都非常小心，常常只是一句很普通的話，都會被他理解為是對他的貶低和歧視。然後他會很生氣地自虐，不吃飯，不喝水，一直到有人來陪伴他，和他說說話之後，他才能緩慢地恢復過來……

人在自我否定的狀況下容易自卑，覺得自己什麼都不是，活著都無意義、無價值。這樣一種自我否定之下，人可能會想到要「除掉」這樣一個什麼都不是的「廢物」，所以患憂鬱症的人時常會想到自殺。

為了自我緩解、自我保存，某些憂鬱症的患者可能會幻想出一個有著天才本事一樣的自己，這樣會讓自己感受好許多，容易感覺到快樂。這個時候，個體就進入狂躁狀態。

所以，狂躁症的實質是憂鬱症，基礎是憂鬱症，狂躁是對憂鬱的防禦之後的表象和假象。狂躁是憂鬱的反向形成。

不論是憂鬱狀態還是狂躁狀態，都是個體對自己的評價無法做到客觀的一個結果。而這個結果的來源，和個體的境遇有關。

本案例中，李龍地在父母那個家裡，得到的是小皇帝一般的對待，這樣的對待之下，他很容易自我膨脹，覺得自己就該對姐姐們和父母頤指氣使，事實上他也是這麼做的，這是一種形成狂躁心理的基礎環境。但是，父母對孩子缺乏共情，這樣的自我膨脹也是一個空虛的、沒有基礎的自我膨脹。在舅舅家遭遇滑鐵盧的時候，這些自我膨脹全部煙消雲散，變成躲藏、迴避、自卑、沉默等憂鬱氣質的東西。

　　李龍地的躁鬱症就是這麼形成的。

　　人對自己的評價不能客觀，是因為環境對他的評價無法客觀。

　　他生病以後，父母迅速調整了他們對這個孩子的期待，孩子已經從大學裡休學兩年了，要重新返回學校很困難。後來父母對他的學業已經沒有任何的奢望，只是希望他能夠健健康康地活著就可以了。

　　孩子生病以後，父母花光了積蓄給孩子看病，只要孩子有什麼經濟上的需求，父母都是有求必應。我能夠感受到父母對這個孩子的愛，如同當年把這個孩子送到舅舅家一樣，我相信，父母也是認為，這樣做可以給這個孩子一個更好的未來，然而……

雙相情緒障礙發作時候的表現

◆ 憂鬱發作

　　相較於單相憂鬱，雙相情緒障礙（bipolar affective disorder）的憂鬱發作具有發病急、病程短、頻繁反覆發作等特點。具有以下症狀表現：情緒波動大、易怒、精神運動性激躁（psychomotor agitation）、思維競賽／擁擠、睡眠時間增加、體重上升、注意力渙散、更易出現自殺念頭和共病焦慮，濫用藥物、酒精等。

◆ 狂躁發作

　　雙相情緒障礙的狂躁發作包括輕狂躁發作和重狂躁發作。輕狂躁發作的患者表現出以下症狀：情緒高漲、精力旺盛、活動增加、自我感覺良好，時間至少持續數天。注意力無法長時間集中，有不嚴重的揮霍浪費情況，睡眠減少、性慾增強，熱衷社交；或者表現為狂妄自大、容易被他人激怒，舉止莽撞、行為衝動。輕狂躁發作不會出現幻覺、妄想等精神病性症狀。患者的社會功能受到輕度損害或者沒有影響。對於輕狂

躁患者，普通人是很難察覺出異常的。

重狂躁發作的表現如下：

（1）情緒高漲。

每天都興奮莫名，喜不自勝，自我感覺良好。患者的情緒和表現對身邊的人有一定的感染力。但患者的情緒波動大，陰晴不定，瞬間就可以從開心轉入憤怒。有的患者的表現是容易被激怒，對人有敵意，也可能做出攻擊性行為，但由憤怒轉向喜悅也是瞬間的，甚至會立即向被攻擊的人賠禮道歉。

（2）思維奔放。

患者反應靈敏，思如泉湧，感覺自己的嘴巴跟不上思維的節奏，就像是嘴巴在跟思維競賽一樣。患者言語明顯增加，說起話來滔滔不絕，肢體語言豐富，即便是說到聲音嘶啞，仍然停不下來；言談脫離實際，天馬行空，話題具有跳躍性，頻繁切換話題。患者自高自大，目空一切，會為自己制定大量的計畫和目標。

（3）活動增加。

患者興趣廣泛，精力充沛，就像機器一樣不知疲倦，行動迅速，喜歡管閒事。不過患者做事情往往不能有始有終，結果是忙了半天，什麼也沒有做成；飛揚跋扈，對其他人呼來喝去，喜歡教訓別人；做事不考慮後果，行為任性，揮霍浪費，過分慷慨；為了吸引別人的注意力，患者會過分地打扮自己，舉止誇張，並經常進出娛樂場所，為了吸引異性而舉止輕浮。

（4）軀體症狀。

患者心率上升，瞳孔放大，臉色紅潤，眼睛閃閃發光；食慾增加，暴飲暴食，也可能因為生活過於忙碌而導致飲食不規律，體力消耗過

大，體重減少；睡眠時間減少，入睡困難，早醒，睡眠不規律；性慾增強，對異性的興趣增加，性生活過度。

（5）其他症狀。

患者在狂躁發作時喪失自知力。記憶力增強，但記憶內容混亂；注意力無法長時間集中，在外界的干擾下容易發生轉移；情況惡化時，患者精神高度亢奮，行為紊亂，具有衝動性，缺乏目的性，也可能出現短暫的幻聽以及其他錯覺、幻覺、思維不連貫等，即「譫妄性狂躁」（delirious mania, DM）。

◆ 混合發作

狂躁與憂鬱的混合發作是比較罕見的，一般是在狂躁與憂鬱快速轉換的過程中發生。狂躁發作的患者可能突然轉入憂鬱狀態，沒過多久，再次狂躁發作，因此給人「混合發作」的印象。不過，混合發作的過程持續時間短暫，會隨之轉入狂躁狀態或者憂鬱狀態。在混合發作期間，狂躁和憂鬱症狀表現都不典型，所以可能被誤診為情感思覺失調症（schizoaffective disorder）或者思覺失調症。

▌諮商心理師的建議▌

患者要努力獲得家人和朋友的理解和支持。很多人對這個疾病不理解，覺得患者發作的時候是故意要那樣去做一樣，其實患者是受到情緒的支配，沒有辦法做自己情緒的主人。在那種時刻，患者是極其脆弱的，親人的不理解有可能加重患者的病情。

當然，有可能患者的親人也是極其脆弱的，在臨床上，患者多半是缺乏支持系統，才會罹患心理疾病的。這個時候，患者還可以積極主動地尋求周圍的其他親戚、朋友、同事及社會的支持。

躁鬱症：我行走在詩意而蹩腳的人生之中

黃奕真，女，19 歲，某國立大學金融系在讀

媽媽是公務員，爸爸是企業高管，收入是媽媽的許多倍。

媽媽有一個心結，就是覺得爸爸最愛的女人是他的初戀，為此，在婚後她一直在向丈夫索要一些她自己也不明就裡的東西。爸爸是個事業心很重的人，在小真 6 歲以前，爸爸都在外地的企業分部上班；小真 6 歲以後，爸爸回到了家鄉，但每天能夠回家陪伴家人的時間很有限。媽媽受不了這樣的生活，曾經多次和爸爸說，錢真的有那麼重要嗎？你的前途真的那麼重要嗎？應酬真的有那麼多嗎？我只是希望你可以多點時間在家裡……

他曾經試圖多花點時間待在家裡，但是她是一個挑剔的女人，她看不慣他做的許多事情，她喜歡指責他。他也是一個脆弱的人，覺得妻子對自己怎麼也不滿意，所以，他索性還是忙於各種應酬。

某天晚上，小真和爸爸一起出去買 iPad，花了 2 萬多元，回家之後，又被媽媽責怪，說之前在網路上查到才 1 萬多元，你們跑到實體店去買貴了……父親不願意聽媽媽的指責，直接進了臥室，小真也只能躲回自己的臥室，留下媽媽一個人，孤獨地繼續待在客廳。

她想他待在自己身邊，然而，她卻如同一隻刺蝟，總是要把他「刺」走，而她並不知道是自己把他「刺」走的。她以為他在乎的是錢，那麼，自己也可以去賺錢啊，於是，她做了一件非常冒險的事情。

她瞞著家裡所有的人去炒股，最開始只是拿自己的積蓄炒，虧完之後，她開始找小額貸款公司借錢來炒股。那時，老公已經知道這事了，和她不斷吵架，希望她停止這樣瘋狂的行為。但她瞞著他，又向銀行貸款，還借了高利貸，股票還是持續虧損。後來，貸款的數目已經還不起了，放高利貸的人都已經追到家裡來要錢了，他不得已賣掉花費多年心血購買的多處房產替她還債。

之後爸爸和媽媽冷戰熱戰不斷，媽媽也試圖去討好爸爸，但爸爸怎麼也不理睬媽媽。小真並不知道個中究竟，爸爸對媽媽的冷漠，小真看了心疼，感覺很不舒服。高二和高三期間，媽媽曾經和小真單獨聊天，哭訴爸爸對自己多年來在婚姻生活中的冷落。小真感覺媽媽是個弱者，覺得爸爸不該這樣對媽媽，然後有兩年沒有理睬爸爸。學測之後，小真從媽媽的親人那裡了解到，原來在高中期間，媽媽借錢炒股，把家裡那麼多間房子全部損失掉了，媽媽欺騙了自己，沒有把真相告訴自己，而只是哭訴爸爸對她的冷漠，小真感到自己很難接受這樣的事實。

讀高中的時候，媽媽常常說一些很傷害小真的話，小真只能躲進自己的屋子裡去哭，後來媽媽說小真是一個心思比較重、敏感的孩子，然後也會迴避和小真的交流。而在某些時候，小真其實是想和媽媽交流的。

媽媽是一個小真想靠近，但一旦靠近就容易受傷的人。每當向媽媽表達不同意見的時候，媽媽就會很生氣地說，以後我不管妳了，就把話題終止了，終止得很戛然，很出乎意料。然後，小真就會陷入無奈的感覺之中去。

小真還記得，幼稚園的時候，有一次媽媽要上班了，讓小真跟媽媽說「再見」，小真不說，媽媽給了小真幾個耳光。

小真牴觸媽媽時，除了被責罵之外，其他大多數時候，媽媽會不理睬小真，可以長達一兩天。

外婆有時候會來和父母、小真一起生活，外婆和媽媽經常吵架，一吵架就提舊事，戳對方的痛處，什麼話能傷對方就說什麼。

媽媽每天下班回家時間不定，有時候下班就直接去打麻將了，所以外婆無法預估媽媽什麼時候會回家。偶爾媽媽提前下班，看到外婆還沒弄好晚飯，就會對外婆說：「妳要餓死我啊，我不吃了。」說完，扭頭就走了。

外婆年輕時是一個脾氣很怪的人，有一次外公惹到外婆，外婆拿起刀就要砍外公。媽媽小的時候，外婆經常不問緣由就暴打媽媽。媽媽有一個妹妹，外婆待在小阿姨家的時候，也經常和小阿姨吵架，吵得很厲害，有時也會和表弟大吵。

大學一年級下學期，小真失戀之後，就陷入憂鬱情緒，無法持續課業。爸爸把小真帶回家，並且四處找醫院給小真治療，花掉了一大筆費用。

這時，媽媽居然對小真說：「妳這樣子生富貴病，是有錢人家的孩子得的病，會把妳爸爸拖垮的，妳讓我們很失望，整個家都會因為妳而垮掉的。」

從小，小真就是一個不會和人爭辯的孩子，她更不會和媽媽爭辯。所以，她默默地聽完了媽媽的指責，掉下眼淚之後，她回到自己的臥室並把門關上。

隨後，小真就表現出一系列的歇斯底里症狀，突然說不出話，有時

候可以說話，但只能說英語，不能說國語；有時候會有控制不了四肢，下樓梯的時候僵住不能動、一隻腳失靈等解離症（dissociative disorder），以及失眠、頭昏、頭痛、記性很差等具有象徵意義的行為。

小真因為憂鬱症休學回家以後，媽媽對待小真的情緒障礙的態度是不理解和責怪。小真就不怎麼願意回家，經常跑到外地的小阿姨家，或者別的同學家裡玩，有時候還去同學家裡玩上十天半月的。

某天晚上小真回家，因為先和爸爸進了房間聊天，再出來和媽媽聊天，媽媽就非常生氣，鬧著要離家出走，於是就真的離家出走了。

第二天，爸爸帶小真去某醫院身心科，診斷是雙相情緒障礙。

住院期間，醫院的身心科醫師約媽媽來醫院交流一下，媽媽始終不來，說公司不好請假。醫生很奇怪，她有大把的時間去炒股和借高利貸，卻沒有時間來和女兒的醫生談話嗎？

媽媽很少打掃，所以家裡經常都是亂糟糟的。和媽媽一起在家的時候，媽媽喜歡滑手機裡的小說，卻不願意陪伴生病的小真。

媽媽欠下巨額債務以後，外婆悲憤交加，不久以後就去世了。

小真是一個喜歡寫詩的女孩，她時常創作一些類似詩歌的歌詞。

她是一個多愁善感的人，有時候會因為看了一部電視劇，就陷在裡面的情緒之中，走不出來。看完電視劇《挪威的森林》之後，情緒就很憂鬱，覺得人活著沒有什麼意義；之前看電影《蝴蝶效應》（The Butterfly Effect），感覺很震撼，開始質疑這個世界的客觀存在。

小真容易把夢和現實生活混淆，比如記不清是在夢裡還是在現實裡被媽媽責怪。

小真經常在回到家的時候，發現家裡空無一人。即便父母都已經回到了家，父親永遠在看電視，媽媽永遠在玩手機，這裡沒有家的味道，

沒有人和人互動的味道，有的只是一個屋簷下陌生的親人，誰也讀不懂誰，誰也不願意靠近誰，靠近了都要受傷。

在小真看來，家應該是一個讓人感覺很放鬆，可以得到休息，可以得到溫暖，是很溫情的一個環境。在這個環境下，人與人之間的互動占據的比例會很大。

而現在這個家，只會讓她感覺到壓抑，一回到這個家，她就想往外跑。其實，家裡經常是一個人都沒有，爸媽永遠在忙他們自己的事情或應酬，即便是週末，爸爸和媽媽也是各玩各的，他們有各自的交友圈，就分別待在自己的交友圈裡玩。小真放假回家的整整一個暑假，一家人能夠在一起吃飯的時間都很少。

在這個將近 40 坪的房子裡，沒有人願意把這個家當成家，彷彿它只是一個旅館，真正的家在外面一樣。

在大學裡，她是租了校外的房子一個人住的，在那裡，她每天可以看書、學習、寫作、唱歌、聽音樂，什麼都有心情去做。而回到爸媽這個家，她發現她「癱瘓」了，什麼都不想做了，失去了做任何事情的動力，只能機械地做一些比如打遊戲之類的事情。打遊戲之外的時間，大部分都是在昏睡。

爸爸賣掉許多房子來替媽媽還債之後，媽媽為了挽回爸爸對她的感情，背著爸爸繼續貸款來炒股，爸爸的心都被自己的妻子傷透了……

▌解析▌

平時，小真在爸媽那裡表達一些自己的看法的時候，爸媽總是會覺得小真還小，天真幼稚，不成熟，所以經常否定她對自己的計畫和安排。一再的否定之後，她也常常搞不清楚自己想要的是什麼。

具有憂鬱氣質的人，其實是很難形成自己是誰、自己要的是什麼等認知的，他們常常被別人的意志左右，又常常很固執地堅持一些自己也不知道為什麼要堅持的東西。

爸媽在關係很糟糕的時候，小真去問爸媽，媽媽回答她說，我們最近比以前要好一些，小真一臉懵懂的樣子看著媽媽；媽媽虧損掉非常巨大的一筆錢的事情，家裡所有人都瞞著她，學測以後，外婆才說了出來；爸媽的感情最後破裂了，也是瞞著她，所有人都覺得，這樣做可以讓小真不用接受那麼殘酷的事實。

所有人都把她當成一個承受不了真相的孩子，結果，她當真成了那個脆弱的孩子……

然而，他們忽略了，孩子其實什麼都知道。家庭裡面的一些祕密，孩子最終會用症狀來書寫，來呈現……

讀大學的這兩三年裡，她大部分時候情緒是憂鬱的，偶爾會有狂躁。憂鬱的時候，心情非常低落，語速變得緩慢，思維變得緩慢，記憶力下降，看書很困難，所以她特別不喜歡自己憂鬱的狀態。還好憂鬱一段時期後又會進入狂躁狀態，狂躁的時候，頭腦特別清晰，反應快，心情也比較愉悅。

憂鬱狀態時什麼東西都隔著一層，沒有感覺；清醒狀態時，會有感覺，但大多數是無助、無奈、痛苦的感覺……

每天晚上都是打遊戲到 2 點或者 3 點，甚至凌晨 4 點才能入睡，白天則昏睡不起。

時常會有歇斯底里症發作，比如某天下午起床時會出現彎腰駝背，行走困難，直起身子都很費力，猶如一個七八十歲的老太婆。有時候，在學校裡走 100 公尺的路，需要半個小時，因為全身都是無力的……

　　我問小真,那個七八十歲的老太婆的意象妳喜歡嗎?小真對於問題的回答竟然有遲疑,她知道自己在家庭裡面的無力狀態。

　　不能聽見任何人在自己面前吵架,一旦聽見,會非常緊張,然後就出現歇斯底里症狀。

　　和小真在一起,我的反移情(countertransference)是喜歡她,感覺她溫婉、溫和、隨和,很好相處的性格。但是,她出問題的地方恰好在於她較真的性格,她一定要追究出爸爸和媽媽的關係中,誰是傷害誰的始作俑者,然後,讓那個有錯的人對對方做出安撫。

　　高中時期,小真看到了爸爸對媽媽的冷暴力,聽到媽媽的哭訴,看到媽媽的脆弱,所以她認定是爸爸對不起媽媽,於是她有兩年沒有理睬爸爸。後來,她又開始懷疑是自己的錯,是因為自己成天打遊戲,沒有關心媽媽,所以才導致媽媽鋌而走險,做出那麼瘋狂的事情來。最後,在心理諮商的過程中,她慢慢明白了,是爸媽自身的人格缺陷,決定了他們在夫妻生活中的不良互動模式,把他們的婚姻推向危機,然後導致媽媽做出危險的事情來,這些都是爸媽的問題,和她自己無關。

　　而這個過程,是一個漫長的過程。

　　因為小真來諮商的前期,根本不能談她的爸媽,只要一提到,她的眼淚就會抑制不住地一直流。每次聊到和她爸媽相關的話題,她就會說,我們不談這個,好嗎?

　　諮商就是在這樣困難的情況下進行的,一直到許多次以後,她可以談她的爸媽了,才慢慢地說起那些傷心事。

　　小真在自己言說的過程中,漸漸地理解了她的爸爸,對媽媽的感情變得特別複雜。後來,媽媽打電話過來的時候,她一般都在玩遊戲,她不接媽媽的電話,過後也不回。媽媽在 LINE 上的留言,她也不回。媽

媽在她發的 IG 下按讚，她看到媽媽的名字，心裡的滋味都很難受，她巴不得媽媽不要和她有任何的聯絡，她無法抑制自己在和媽媽聯絡的時候那種非常複雜的情感……

小真從小學三四年級就開始玩線上遊戲，有時候甚至是連續地打上好幾天，爸爸媽媽對此也很無奈，只得對小真說，妳要打遊戲我們也管不了，但妳不能耽誤功課。小真覺得這是爸爸媽媽允許自己自由玩電腦的唯一條件，那麼，顧好功課，也是應該的。所以，小真就在打遊戲的時間之外讀書，並且成績還總是很好。

在小真罹患躁鬱症之後，陪伴她的大部分也是遊戲。我心裡在想，這是一個孤獨的孩子，因為沒有人能夠陪伴她。爸爸曾經嘗試走進她心裡，但是，因為媽媽在她面前訴說爸爸的不是，她心裡是把爸爸推開的。至於媽媽，也是一個看不到自己存在的人，所以，哪裡可以看到她的存在呢？

在小真躁鬱症發作期間，有幾次，媽媽雖然陪伴在她身邊，也是在看手機的。那種時刻，她好想媽媽可以放下手機，陪她聊聊，但是，媽媽的心如同失散的親人，遍尋不著。

孩子的症狀，常常是孩子對父母的表達和吶喊，這是一種特殊的語言。可惜，孩子的症狀常常來自有症狀的父母，父母受困於自己不成熟的心智所帶來的生活困境，沒有能力顧及孩子的情感需求。

媽媽是一個心智還停留在兩三歲的孩子階段的媽媽，天真，幼稚，衝動，喜歡責怪人，內在有一個不值得被愛，不值得被好好對待的低自尊的自我意象。所以，她在婚姻中不可能得到丈夫的愛，失去丈夫的愛的她，生活如同失去了重心一樣，她最後鋌而走險，把家搞得支離破碎，一潭死水。

女兒只不過是這段悲劇愛情故事的一個犧牲品。如果她和丈夫的關係裡還有叫做「愛情」的這種東西的話。

媽媽很少收拾家，把家弄得像一個旅館，這反映出她的內心沒有著陸。在被丈夫冷落的女人的心裡，家其實是一個牢籠。

所以他們夫妻倆都拚命地往外跑，女兒成為這個家裡唯一的守護者。但是，女兒的心也守護不了這偌大的、空無的、沒有溫情的家。

一個從來沒有被自己的媽媽看到的孩子，是看不到她自己的，她媽媽是這樣，小真也是這樣。一個看不到自己的孩子，最終難免遁入虛無之中。她虛無的時候，就是憂鬱的時候。但是，小真還曾經得到過一些愛，這些愛的力量可以在她陷入憂鬱的時候把她往回拉，拉過來的狀態，就變成狂躁。

為什麼那些愛的力量把她往回拉的時候，不是恢復到正常的狀態，而是進入狂躁的狀態呢？我估計這和那些愛的品質和屬性相關。

小真最開始是以憂鬱症的形式登上心理疾病的舞臺的。其實，不狂妄的人，一個內心真正平和的人，是不會罹患憂鬱症的。小真罹患憂鬱症的初始，是因為她覺得自己應該要為家庭的破碎、爸媽的感情失和負責，而自己又負不了這個責，所以，她憂鬱了。這裡面有小真對於自己的能力的誇大以及誇大之後沒有相應的東西在支撐這種誇大，最後發現自己對爸媽關係的維繫產生不了任何作用，自己感受到自己的無能力、無價值、無意義，當然只有憂鬱了。

她之前一直認為，爸媽是因為她的存在，所以才不離婚，才停留在長期的非婚狀態的，因此她憂鬱；媽媽出事以後，她又認為，是自己沉迷於遊戲，沒有關心媽媽，所以媽媽才會以那樣的方式「報復」爸爸，把爸爸奮鬥一生的心血虧掉了……

在這些自大的幻想破滅之後，小真憂鬱了。然而，憂鬱的結果如果不是走向自我毀滅，那麼，狂躁或許是拯救自己的唯一方式。

短暫的狂躁的感覺總是很好，然而，長久的憂鬱始終會再次到來。直到她終於明白，她不是她爸媽的什麼，爸媽也不是她的什麼，每個人終將只能對自己的生命負責，各歸其位。之後，情感的波瀾終將退去，情緒的平復才能到來。

小真憂鬱的另外一個原因，我覺得和她媽媽喜歡責怪她有關，她生病以後，媽媽有一個堪稱「經典」的罵段：「妳這樣子生富貴病，是有錢人家的孩子得的病，會把妳爸爸拖垮的，妳讓我們很失望，整個家都會因為妳而垮掉的。」

媽媽罵小真的這段話，恰恰是她把自己無法接受的把丈夫「拖垮」的事實投射給了小真，也就是說，媽媽在這裡的罵段有一個移置，把自己曾經做過的對不起丈夫、對不起家庭的事實「轉移」給了小真，因為要自己去面對太難受，太痛苦了。但是，讓小真看到，是小真讓這個家庭遭受災難的，她自己就可以好受一些了。

面對喜歡責怪孩子的家長，孩子容易不假思索地認同自己是一個罪惡的人，有罪的人，或者自己是過錯方，這樣就導致憂鬱的起源。然後性格也容易變得計較，什麼事情都喜歡去找出始作俑者。當然，媽媽這樣說的時候，也投射給孩子自大的感覺，原本應該是由爸媽承擔的東西，媽媽卻要孩子去承擔，孩子接受了這樣的投射，所以以狂躁來應對這樣的自大。

在這裡，憂鬱和狂躁的原型都比較容易找到。

我們這個世間不乏這樣背著「孩子的心智」的「成年人」。這些成年人一旦成為父母，就容易製造患有心理疾病的孩子。

▌為什麼雙相情緒障礙患者多和藝術結緣？▐

　　美國加州大學洛杉磯分校的心理學家賈米森（Kay Redfield Jamison）曾對 47 位傑出的英國藝術家和作家做了一次調查（作家必須是文學大獎的得主，畫家和雕塑家必須是皇家藝術學會會員），發現其中 18 人或因精神失常住過院，或者曾經用過鋰碳酸鹽或電痙攣治療過。儘管調查的規模不大，但 38% 的人有情緒失常現象，在歷史上已非個別。

　　賈米森有一張躁鬱性精神病患者的名單，其中有作曲家韓德爾[01]、白遼士[02]，詩人兼畫家羅塞蒂[03]，劇作家尤金·歐尼爾[04]，作家巴爾札克[05]、維吉尼亞·吳爾芙[06]、羅斯金[07]、海明威[08]、費茲傑羅[09]和蘭姆[10]。詩人在這方面的比例更是高得驚人，拜倫[11]、雪萊[12]、柯勒律

---

[01]　Georg Friedrich Händel，巴洛克音樂作曲家，創作作品類型有歌劇、神劇、頌歌及管風琴協奏曲，著名作品為《彌賽亞》。

[02]　Hector Louis Berlioz，法國作曲家，音樂評論家，以 1830 年寫的《幻想交響曲》聞名。晚年因兩任妻子和兒子皆先於自己離世而精神崩潰。

[03]　Dante Gabriel Rossetti，英國畫家、詩人、插圖畫家和翻譯家，是前拉斐爾派的創始人之一。

[04]　Eugene O'Neill，美國著名劇作家，表現主義文學的代表作家。晚年罹患帕金森氏症。

[05]　Honoré de Balzac，法國 19 世紀著名作家，法國現實主義文學成就最高者之一。

[06]　Virginia Woolf，英國作家，被稱為 20 世紀現代主義與女性主義的先鋒。

[07]　John Ruskin，英國維多利亞時代主要的藝術評論家之一，也是英國藝術與工藝美術運動的發起人之一。

[08]　Ernest Miller Hemingway，20 世紀最著名的小說家之一，是美國「迷惘的一代」作家中的代表人物，作品中對生活、世界、社會都表現出了迷茫和彷徨。晚年在愛達荷州凱徹姆的家中自殺身亡。

[09]　F. Scott Fitzgerald，美國長篇小說、短篇小說作家，其作品展示了爵士時代。

[10]　Mary Ann Lamb，英國作家，查爾斯·蘭姆的姐姐，與其弟共著《莎士比亞戲劇故事集》而出名。患有精神疾病，1796 年時病發刺殺母親，此後終生與弟弟查爾斯相依為命。

[11]　George Gordon Byron，英國詩人、革命家，獨領風騷的浪漫主義文學泰斗。

[12]　Percy Bysshe Shelley，英國浪漫主義詩人，被恩格斯譽為「天才預言家」。

治[13]、古柏[14]、湯瑪斯·查特頓[15]都是，當代美國詩人中則有哈特·克萊恩[16]、迪奧多·羅賽克[17]、德爾莫·施瓦茨[18]、約翰·貝里曼[19]、羅伯特·洛厄爾[20]、安妮·塞克斯頓[21]和希薇亞·普拉斯[22]。

　　一些罹患情感疾患的藝術家拒絕治療，理由是隨著症狀的消失，他們的創造力也會減弱。許多人在發病高峰時特別敏銳、衝動、熱情和富有創造力。例如：韓德爾在狂躁症發作最厲害的 24 天內完成了著名的《彌賽亞》。著名作曲家舒曼，精神恍惚時在牆上塗鴉，有好事者將其抄下來，這就是著名的樂曲《夢幻曲》。

　　說真的，雙相情緒障礙患者都是一些智商特別高的人，而且，在好多藝術家中，這個病特別「流行」。所以有人說，天才等於躁鬱症，躁鬱症等於天才。

　　一般的精神疾病患者，其實都存在著一個「假性自我」，由於童年期創傷，他們不得不把自己的真我用於應付糟糕的環境，而發展出假性自我來。但是，長期伴隨著這樣的假性自我，一個人就會感覺到特別無

---

[13]　Samuel Taylor Coleridge，英國詩人、文學評論家、哲學家和神學家。英國浪漫主義運動的創始人之一，將德國唯心主義哲學引入國內。成年後一直處於持續的焦慮和憂鬱中，終生鴉片成癮。
[14]　William Cowper，英國詩人和聖詩作者，18 世紀最受歡迎的詩人之一。患有嚴重的躁鬱症。
[15]　Thomas Chatterton，英國詩人，天賦異稟，11 歲即有成熟創作，於 17 歲時服毒自殺。
[16]　Harold Hart Crane，20 世紀美國詩人。同性戀者，嗜酒成性。時而樂觀，時而感到極度絕望，這種自相矛盾的情況直到他 33 歲自殺之前仍沒有得到解決。
[17]　Theodore Roethke，美國詩人，以詩集《甦醒》獲得普利茲詩歌獎。
[18]　Delmore Schwartz，美國詩人和短篇小說家。晚年酗酒並患有精神疾病，在紐約切爾西飯店度過，與世隔絕。
[19]　John Berryman，美國詩人和學者。20 世紀下半葉美國詩歌界的重要人物，被認為是「懺悔」詩派的關鍵人物。因酗酒而多次住院，和憂鬱症抗爭，最終自殺。
[20]　Robert Lowell，美國詩人。成年後多次因躁鬱症住院。
[21]　Anne Sexton，美國詩人，以其高度個人化的自白詩知名。詩歌的主題包括她的自殺傾向、與憂鬱症的長期搏鬥以及其他許多與其私生活有關的內容，包括與丈夫和孩子的關係。
[22]　Sylvia Plath，兒童作家出身的美國天才詩人、小說家及短篇故事作家。成年後的大半人生歲月中，均遭憂鬱症纏身。多次自殺未遂，後自殺身亡，享年 30 歲。

力，有一種自我喪失之虞，為了對抗這樣的自我喪失，發展創作上的天賦，或許是靈魂救贖回歸之路。

他們在現實的生命裡迷失了自我，但是，透過創作，他們找回了自我的某個部分，那個部分可以短暫地填補內在的空虛。但是，人格中根本性的空虛還是無法填補的，所以，大部分罹患情感疾患的藝術家，在創作完成之後依然選擇了自殺。

許多有創造力的人，背後都掩藏著一個根本的匱乏，創作是對付匱乏最好的武器。可惜，子彈發射完之後，再次的虛弱無力依然襲擊了這些人。

▌諮商心理師的建議▐

雙相情緒障礙患者和其他心理疾病患者一樣，同樣存在著自我價值感低下的存在性困境。學會減少自我評判，也是自我調節的一個重要步驟。

在他們內隱的思維裡，有可能時刻都在評判自己，或者在想像中感知到別人在評判自己，而且這些評判幾乎都是負面的評判。

所以，學會全盤接受的方法，會對這個疾病有很大的幫助。

什麼是全盤接受呢？全盤接受的意思是，你要學會不要隨時評價自己曾經做過的事情，比如：今天你在網路上買了一組沙發，運回家的時候發現尺寸沒有量對，家裡的那個地方放不下。這個時候，你大腦裡馬上開始進行殘酷的自我批評，我怎麼那麼粗心呢，連這點小小的事情都做不好，又買了一個廢物，我就是一個廢物，什麼事情都做不好……接下來，情況有可能嚴重到覺得自己該死。真的，心理諮商中的某些來訪者就是這樣對待自己的，他們對待自己比對待敵人還「凶殘」，自己犯上

一點點小錯誤，都會覺得自己不配活在世間，所以，雙相情緒障礙患者的自殺率也是相當高的。

全盤接受的方法就是：

我總是會犯錯的，沙發的尺寸沒有量好，不代表我就是失敗透頂的。這只是我整個性格中的一個小小的部分，除了這個部分，我還有許多其他的長處。

我總是會犯錯的，我甚至有點喜歡這個會犯錯的自己。如果一個人不會犯錯，那麼，他得活得多累啊！

我總是會犯錯的，因為會犯錯，所以，周圍的人會更喜歡我，因為這個性格特點很接地氣啊！如果我是一個不會犯錯的人，那會是多麼的無趣啊！

我總是會犯錯的，會犯錯的人，是多麼的可愛啊！

當一個人學會全盤接受的時候，最終，他不只是接受他自己，他也會連帶接受他生命裡所有的人和事情。

當一個人學會接納的時候，他的情緒其實是完全可以自然恢復，不會走極端的。

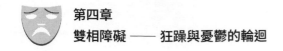

躁鬱症：我覺得我媽媽很噁心

張翰辰，男，20 歲，大學二年級

翰辰在上大學以後，覺得大學生活和自己想像的不一樣，老師講課是混日子的，其他同學就是來混文憑的，而自己才是真正想來學習的。所以他經常當面指責同學，與同學的關係緊張，後來就獨來獨往，不與任何同學相處。

老師告訴其父母以後，翰辰覺得老師是在針對他，情緒變得十分不穩定，經常無故對別人大吼大叫，罵髒話，說話滔滔不絕，內容多半是消極的。

翰辰經常在同學面前攻擊亞洲的教育制度，覺得亞洲的教育制度是在迫害孩子，讓一個又一個孩子變成殭屍。在開班會的時候他對全班同學說：「覺得對老師需要感恩的心的人，都是人渣……」

後來，翰辰說話的內容漸漸不能為同學們所理解了。

幾個月前，由於修習學分未達標準，翰辰被退學回家。在家期間，他會出現無緣無故地去砸隔壁鄰居家的玻璃，一個人跑到社區的頂樓去睡覺等反常行為。

在家裡，他每天都會和父母吵架，情緒非常激動，覺得父母都是在管束自己，從來不肯給自己自由。有時候想打媽媽，但是其他時候又喜歡靠在媽媽的肩膀上，說自己很害怕。他完全不知道爸媽是對自己好還是來害自己的，覺得自己的想法不說出來，爸媽都知道。

翰辰曾經試圖自殺，但是看見刀的時候又懼怕而退縮了。

翰辰偶爾會聽見爸媽爭吵，說自己的壞話，但實際上爸媽並不在那個房間。

有一次翰辰到自己曾經就讀的學校散步，碰到自己的高中老師，就辱罵老師，並且拿出身上的刀威脅老師，後來翰辰翻牆逃跑，把左腳摔傷了。回家以後他跟媽媽說：「這裡教育體制不好，我要打抱不平。免得陳老師繼續危害下一屆的學弟學妹……」

翰辰入睡困難，在入睡前總是要去想以前發生的事情，怎麼也控制不住自己的大腦。想到一些事情就覺得自己很委屈，覺得自己生而為人，完全是來受罪的，爸爸媽媽都對不起自己……

媽媽看到翰辰睡覺的時候會出現手腳抖動的現象，兒子在睡夢中似乎在害怕著什麼……

在去醫院住院前 20 天，翰辰睡眠不好伴有噩夢，無緣無故發脾氣，情緒暴躁，在追求一個女孩被拒絕以後症狀加重。

在此期間，翰辰參加同學聚會的時候會覺得壓力很大，覺得別人都考上了不錯的大學，自己只考上了一間私立學校，會感到不如人的羞愧。翰辰在玩遊戲的時候也會覺得壓力很大，想玩個痛快，但是身體卻不由自主地出現冒汗、驚恐、頭昏腦脹等現象。

他覺得生活都變了，一切都不對勁了……他開始對任何事情都提不起興趣，整天躺在床上，一動也不想動，連個人衛生都不想打理……

▌解析▐

　　翰辰剛生下來的時候，晚上只要一哭，媽媽就會整夜無法入睡，白天也睡不著，媽媽看著這個愛哭泣的孩子，無比焦慮，腦袋裡會閃現出一些對孩子施虐的畫面。最終，媽媽受不了了，在翰辰兩個月的時候，把翰辰送到外婆那裡去撫養。外婆也是一個容易焦慮的人，所以，在外婆那裡待到一歲半以後，翰辰被送到爺爺奶奶家，翰辰和爺爺奶奶相處得似乎還不錯。

　　在此期間，媽媽大約每隔幾個月會去看翰辰一次。

　　3 歲以後，翰辰回到爸媽身邊。

　　翰辰的爸媽都是大學教授。

　　媽媽喜歡看書，在翰辰 3 歲以後，完全按照書本來撫養孩子。書上說，孩子哭的時候，不能每次都去滿足孩子，於是，媽媽就看著孩子哭，很長時間都不去抱孩子。書上說，孩子玩遊戲的時候不要一直陪著孩子，而翰辰每次都希望媽媽能夠陪伴著自己。媽媽覺得應該按照書本來養育孩子，於是，不論翰辰哭成什麼樣子，她都堅持讓他一個人玩遊戲。

　　和媽媽分開 3 年以後，回到媽媽身邊的翰辰，做什麼事情都喜歡黏著媽媽。而媽媽卻按照書本來養育孩子，所以母子之間培養親密感的機會就失去了。

　　翰辰入學讀書了，媽媽依然還是嚴格按照書本來教育孩子，媽媽要求翰辰每天必須先做完作業才能出去玩耍，翰辰時常和媽媽唱反調。媽媽時常感覺到自己的話對兒子是失靈的，每當這個時候，媽媽就會暴跳如雷，如果翰辰某天的作業沒有完成，媽媽就會衝進翰辰的房間，把翰辰的書和本子撕碎扔掉。

　　媽媽常常暴打翰辰，國中時有一次把翰辰打暈，流了許多血在枕頭上。

　　翰辰在向我描述這些情節的時候，媽媽不斷地說，不是這樣的，不是這樣的，但是又說不出反駁兒子的話。

　　媽媽擔心翰辰玩手機耽誤功課，傷害眼睛，就直接把翰辰的手機搶走；擔心翰辰在家裡上網打遊戲，就直接把家裡的網斷了……

　　媽媽需要兒子完成一件什麼事情的時候，會向兒子許諾一旦完成之後，給兒子什麼獎勵。但是，每次翰辰按照媽媽說的去完成了，媽媽都不會兌現自己的承諾……

　　翰辰有一些自己的想法的時候，媽媽常常否定兒子的想法，覺得兒子天真幼稚，胡思亂想。

　　有一次，他們母子一起來我的心理諮商室。每當孩子訴說媽媽的言行，表達對媽媽的憤怒的時候，媽媽就把頭深深地低下去；當我表達對媽媽一定程度上的理解的時候，媽媽就把頭又抬起來。

　　那個時候，我能夠感覺到，媽媽是一個孩子。

　　爸爸是因為靠著岳父岳母關係才能進入這所大學任教的，所以，爸爸什麼都聽媽媽的。媽媽叫爸爸暴打翰辰，爸爸就會聽媽媽的話，暴打兒子一頓。

　　兒子在身心科住院部反覆住院，每次媽媽都來陪伴。

　　媽媽始終不會調整自己和兒子的互動方式，每次進心理諮商室，兩個人都在互相攻擊，互相指責，處於劍拔弩張的狀態。

　　媽媽說，翰辰昨天晚上又去外面網咖了，玩到凌晨 1 點多才回來……翰辰就開始反駁媽媽，哪裡是 1 點多，12 點多就回來了的……

　　翰辰說，昨天吊完點滴，下午我和媽媽出去，準備去一個地方，路

上她會一直跟人問路，我跟她說了，我用手機導航可以很準確地找到地方。但是她不相信我，還是去找人問路，我就很煩躁，就想打她……

媽媽說：你來打我啊，你來打嘛！

翰辰說：妳怎麼那麼噁心啊……

每次他們母子在諮商室都是這樣，如果哪一次他們母子很安靜的話，我可能會很不習慣。

有一次，我單獨替媽媽做諮商。

面對這樣一位鉗制孩子，希望孩子都按照自己的心願來生活和學習的母親，我試圖去引導她從另外一個視角來看待自己和兒子的互動。

我：你在生活中有什麼愛好嗎？

她：喜歡看書。

我：如果有人規定你每天必須看完一本書才能睡覺或者休息，妳還會喜歡看書嗎？

她：……這很好啊，說明那個人關心我，為我好，我會按照他的要求去完成的。

她大概是被她父母的強制性教育弄習慣了，所以她沒有覺得那有什麼不好。但是，她的孩子是一個八年級生，八年級生追求獨立和自由，他們比五年級生更少束縛，更少覺得自己需要仰人鼻息。

她聽不懂我的隱喻，她生活在自己的內心世界裡。雖然和兒子的互動很激烈，但是，在那些互動裡，只有她一個人的聲音，兒子是一個被她犧牲掉的存在物，老公其實也是。

所以，翰辰讀國中開始，就再也不和爸媽交流內心的想法了。

在心理諮商過程中，經常會有父母問我，我的孩子為什麼不和我說話啊？我心裡想，凡是有此一問的父母，要好好反省。

天下的孩子，最親近的人就是自己的父母，最能夠提供安全港灣的感覺的人，也是父母；世界上最疼愛自己的人，也是父母；世界上最想和他互動的人，也應該是父母。當一個孩子不想和父母說話的時候，我想，他應該是感受到了某種絕望吧！

他會在物質上繼續依賴著自己的父母，但是他在精神上成了一個無家的孩子，一個精神上沒有著陸的孩子，內心才是真正的孤苦無依的狀態。

所以，這樣的孩子必將在精神世界裡出現問題，最終來到醫院的身心科。

單獨和翰辰在一起的時候，我覺得這個孩子的表現都是正常的。但是，每次和媽媽在一起的時候，他就會變得異常激動，容易被激怒。

這孩子從來不攻擊我，說話也是正常的。翰辰有一次很羨慕地對我說：「阿姨，我發現妳很享受妳的職業……」我一直記得這孩子對我說的這句話，因為從這句話裡，我知道翰辰是能夠去關注外部世界裡的人的心理狀態的，孩子是願意和這個世界上的其他人產生連結和互動的。從這個角度來看，他媽媽病得比他重。

這個孩子對我的觀察非常準確，只有他這樣對我說過，甚至我身邊的親人和朋友也沒有這樣對我說過。

的確，我很喜歡我的職業，從踏上這個職業的生涯開始，我就有一種執迷一般的熱愛。而這一點，被一個診斷為雙相情緒障礙混合精神病性障礙的孩子看到了。

他是能看到我的存在的。這樣的孩子，我相信他也是能看到他媽媽的存在的，只是他願不願意的問題。

那麼，這樣的苗頭為什麼一次又一次地被熄滅了，然後，他退縮到遊戲世界去了呢？

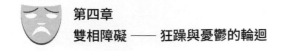
我想，在那樣一個世界裡，沒有人否定他，批評他，指責他。在遊戲的地盤裡，他就是他自己的主人，這樣的感覺一定很好吧！

雙相情緒障礙患者為什麼很難接納自己？

憂鬱也好，狂躁也好，都是一種情緒。

情緒的背後是情感，情感代表著我們對某個人或某件事情的接納程度。在這些程度中間，有無數個連續的值。

狂躁和憂鬱，是接納程度的兩個極端。

比憂鬱更輕微的，是鬱悶，憂鬱，淡淡的憂傷，哀愁，不開心……

比狂躁更輕微的，是開心，興奮，喜悅，激動，喜歡，愛慕……

關鍵是，不管是狂躁還是憂鬱，這個人針對的對象都是自己。

憂鬱的時候，他把自己貶低到一文不值，自己就是個罪孽深重的人，自己對不起所有的人，自己活著都是多餘的，自己怎麼不去死啊？自己這麼差勁的人，還配活著嗎……

他對待自己，是極度的不接納。

狂躁的時候，他把自己喜歡到了極端。他覺得自己有能力去幫助所有的人，他覺得自己就是上帝，就是天使，有能力拯救整個地球的人；他的精力旺盛到可以連續幾天不睡覺，去做自己喜歡的事情……

他對待自己，是極度的接納。

從這裡不難看出，其實狂躁是對憂鬱的反向形成的防禦機制。也就是說，躁鬱症的患者，根源還是憂鬱。他不喜歡自己，因為太不喜歡自己，要把自己殺死了，不得不透過擺動到狂躁那一極端來保命。

這樣兩種極端的情緒背後，就是躁鬱症患者對自己的不接納。

他為什麼那麼難接納自己？

雙相情緒障礙是一種具有高度遺傳性的疾病，也就是說，患者父母中的某一個人，在情緒方面就是喜怒無常的。父母和孩子的互動之中，無法以一貫的、一致的態度去對待孩子，可能是造成孩子在對自我的認知上產生混亂和偏差的根本原因。

父母對孩子的否定，會內化為孩子自己否定自己，不接納自己，不喜歡自己的無意識評判體系。一旦形成，這個人會隨時對自己做過的事情進行快速而無意識的評判，而且這些評判以負面的居多。投射出去以後，他喜歡把別人的評判全部背在身上，一眼看出去，全部是別人的眼光看到自己，而且，他看到的那些別人的眼光，又都是貶低他的眼光，別人欣賞他的眼光，他又看不到。

他的內在很難取悅自己，他覺得自己什麼都不好，為了對抗這種覺得自己什麼都不好的焦慮，他會反過來形成自己什麼都好的狂躁性情緒。所以，根本的還是在於他沒有辦法接納自己的存在。

他的存在，是一個原始的過錯，而這個過錯既不屬於他本人，也不屬於他父母，而是家族的歷史長河裡漂流下來的一朵帶著毒素的花。

▌諮商心理師的建議▌

躁鬱症患者要了解到，自己的思維容易走偏。因為有思維的走偏，才會帶來情緒上的走偏，不管是憂鬱還是狂躁，都是情緒的一種表現方式。憂鬱看起來是負性情緒，狂躁看起來是正性情緒，但是，在躁鬱症患者身上，這兩種情緒的表現程度都是過度的。

那麼，改正思維的走偏，涉及對於自己的存在的叩問，涉及對於自己在這個人世間的存在價值的定位。如果說早期的撫養者沒有給你一個值得被愛的位置，那麼，在這個宇宙間，你要如何重新給自己一個位置？

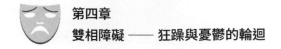
　　早期的撫養者不是不肯給孩子一個被愛的位置，是因為他們自己也有許多的創傷，他們盛裝愛的那個籃子裡都是空的，所以自然給不出愛。

　　缺愛的孩子要如何在這個人世間找回一個自己存在的位置呢？尋找一個愛你的人固然是一種不錯的方式，但是很可惜，恐怕愛你的那個人就在你眼前，你也會因為自己內在沒有愛的原型，辨認不出愛的模樣，而把對方的愛理解成別的東西，甚至你拒絕愛，因為你始終不相信自己值得被愛。

　　所以，調適的方式是，從自己的情緒裡出來一會兒，先閉上眼睛深呼吸幾次，進入冥想狀態，問自己：是誰在擔憂什麼？是誰在恐懼什麼？是誰在擔憂誰的擔憂？是誰在恐懼誰的恐懼？問到最後，你會發現其實沒有一個主體，所有那些擔憂和恐懼都是幻象，你很容易就平靜下來了。

第五章

焦慮障礙 —— 深入骨髓的恐慌

焦慮症：一讀書我就要滑手機

劉樹生，男，26歲，某國立大學大四學生

從小我是和奶奶一起睡覺的，爺爺在我出生沒幾年就去世了，爸爸媽媽和奶奶一直是住在一起的。但是在記憶中，我很少和爸爸媽媽一起睡覺。

爸爸和媽媽的感情很好，在我們這樣的鄉下地方，他們也算是模範夫妻了。

小時候的記憶就是窮，我上學的學費都常常拿不出來，媽媽得到處去借錢。最大的感覺，貧窮就是罪過，原罪一樣的罪過。

媽媽和外婆的關係一直不好，因為我的家庭一直都很貧窮，外婆時常會數落媽媽，說她嫁給爸爸是一個錯誤。外婆家有錢，在市區買了兩間房子，但是外婆的所有家產都是預備留給她唯一的兒子的，另外兩個女兒是沒有份的。

媽媽每次和外婆見面，都要遭受外婆語言上的侮辱。媽媽在實在周轉不過來的時候，跟外婆借了幾十萬元，然後，外婆一有機會到我們家來，就要指揮我媽媽該做這樣，該做那樣。有一次，外婆到我們家來，夏天的下午，溫度已經到30多度，外婆說，妳不能在家偷懶，要出去割

草……感覺那個時候，媽媽都要被外婆逼瘋了……

每次外婆來過我們家之後，媽媽就常常打我罵我來發洩。這一點，在我後來罹患心理疾病以後，媽媽很主動地對我承認了，說我是她的出氣筒，尤其是在我兩三歲的那段時間，這樣的情況尤為頻繁。

小時候對媽媽的感覺就是害怕。在我 3 歲左右的某天，我坐在一個小板凳上晃蕩著我的腳，一不小心踢倒了一個水壺，那個時刻，我非常恐慌甚至恐懼，我不知道媽媽會怎麼來懲罰我。在這樣的想像中，我的手心一直在出汗，身體在發抖……

小時候一旦犯錯，就會被媽媽罰跪，跪在冰冷堅硬的水泥地上，通常還會伴隨著媽媽聲色俱厲的、驚叫一般的斥責。最討厭的是，一旦有鄰居或熟人來家裡，媽媽會立刻變臉，對我非常好；如果沒有人來，我就會一直在地上跪著，不知道媽媽罵完就去忙什麼了。那個時候，我感覺自己是那樣的孤獨和無助，我是多麼盼著她可以再次回來，把我從水泥地上解救出來。

一直到國中，我都很害怕媽媽。

媽媽對我來說，是一個無法預測的存在，因為不知道自己什麼時候會犯錯，什麼樣的錯誤就會讓她爆發出歇斯底里的反應。所以，和她在一起的感覺是緊張，緊張，緊張，還有害怕。

小時候，大人常常跟我說繼母很可怕，我就去問奶奶，我媽媽是不是繼母啊？奶奶白了我一眼，當然是親生的！於是，我腦海裡很堅決地反對關於繼母很可怕的說法，我覺得親媽才最可怕，如果沒有這個媽媽，可能我的日子會好過一些。

更喜歡和爸爸待在一起，因為爸爸的脾氣好，從來不會無緣無故地罵我。可惜爸爸很少有和我待在一起的機會，印象中，能夠和爸爸在一

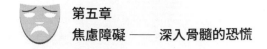
起的時間很少。

也常常覺得自己的出生是一個錯誤，所以常常會想，如果自己死去就好了。如果我死了，爸爸媽媽會不會更開心啊？

國中以後，父母去外地賺錢，家裡的經濟條件有了很大的改善，媽媽對我的態度就改變了許多。但是這個時候，我已經出現一系列的心理問題了。

從小我就很孤獨，幾乎沒有一個朋友，但是我又非常渴望有朋友，常常跟在他們的身後，想讓他們的眼神光顧我，能夠帶著我一起上學，放學一起玩。但是不知道怎麼回事，沒有人喜歡和我一起玩。我常常只能一個人躲在角落裡難過。

這樣的孤獨之下，只有書是我最好的朋友。我從小就很喜歡看書，我幾乎把所有的世界名著都看遍了。

喜歡看書，應該說是受奶奶的影響的，奶奶出身有錢人家，小時候上過學，在我們鄉下地方，奶奶這樣的人算是知識分子了。每天晚上睡覺前，奶奶都會講故事給我聽，盡是些帝王將相封侯晉爵的故事。奶奶是我生命裡唯一願意和我好好說話、溫柔交流的人，奶奶是一個有眼界的人，一直鼓勵著我上進。

當我以全班第一名的成績考上明星高中的時候，爸媽臉上毫無欣喜之情，彷彿我不是他們的兒子，我的成就和他們無關一樣。我頓時覺得我自己的那一份欣喜也煙消雲散，隨之而來的是莫名的傷感。

高中是在外縣市讀的。但是爸媽根本不相信已經讀高中的我會自己保管錢，每次都把錢匯給住在當地的外婆，然後讓我每週親自去拿一次錢。那感覺，彷彿如果一次性把一個月的錢給了我，我就會無計畫地把錢花掉一樣。

每週去外婆那裡拿錢的經歷很不舒服，外婆每次見到我，都會羞辱我的爸爸，說他怎麼怎麼無能，每次拿些舊衣服給我和我家裡的人，都要叮囑一些多餘的話，那些話讓我感受到了被羞辱。我不喜歡聽外婆說話，她讓我感到，我是一個乞丐，去乞求她施捨什麼東西給我。所以我每次見到她，拿到錢之後就想跑。

後來我考上「頂大」，爸媽的反應還是一樣的，臉上和語氣上毫無反應。

不過，我學測一共考了 3 次。

我前兩年的分數都落在普通的國立大學，其實完全可以進去讀的，但是我沒有。就在高三下學期，我出現了憂鬱情緒，心裡感到對什麼都沒有興趣，對什麼都沒有欲望。不知道自己讀書是為了什麼，上大學是為了什麼，非常的茫然，不知道自己該幹嘛，也很頹廢。每天做題做到想吐，覺得人生沒有什麼意義，更談不上人生計畫。所以，第一次拿到了能上國立大學的成績時，自己竟然沒有去申請，幾個月後的指考直接放棄。

第二年重考，也是同樣的情況。

第三年學測的時候，壓力非常大，因為我無法允許自己再讀「高六」了。所以，數學考試開始半個小時以後，出現情緒失控，大腦如同戴了一個頭罩，耳邊響起研磨機和電鑽的聲音，然後我想從考試那棟樓上跳下去，一了百了。但是一陣風吹過來，把我吹清醒了，我慢慢回過神來，繼續做題。

最後這一次的分數，比前幾年進步了好多。

但是，科系要怎麼申請，學校要怎麼選擇，爸媽都只有國中學歷，完全給不出意見，我自己也完全不知道自己喜歡什麼，想去哪個縣市的

大學。完全是一種「蒙」的狀態。

最後，聽了別人的意見，選了一個科系，然後，被一所「頂大」錄取了。

大學一年級的下學期，我就從宿舍裡狼狽地搬出來了。

我發現我是那麼在乎我在別人心目中的印象啊，我把這個放在自己的肩膀上扛著，到扛不動的時候，我就被壓垮了。

寢室裡的另外 5 個男生，清一色地愛打遊戲，不上課的時間裡，大部分的人都在玩遊戲，而我卻無法放鬆自己，讓自己去玩這種感覺有些墮落的遊戲。有時候我和他們說話，他們愛理不理的，有時候我會說服自己，他們可能是被遊戲占據了心思，所以對我的話語的回應有些冷淡。但是我的第一反應總是，對方不喜歡我，而且我發現我被這樣的反應牢牢地捆綁住，讓我的注意力沒有辦法放在別的事情上……

一個人不喜歡我還能撐住，但是和每個男生的相處都是這樣的感覺，我就開始撐不住了。那麼多人都不喜歡我，那是一種如坐針氈的感覺，我還能待在這間寢室嗎？

其實我頭腦還是很清醒的，他們對我的冷落並不意味著不喜歡我，但是，任何人對我的表情裡有一丁點的不耐煩，都會讓我的情緒崩塌。我的第一反應就是，他不喜歡我，而這樣的反應讓我毫無應對的能力，除了落荒而逃，沒有其他辦法。

搬出來以後，我和兩個男性友人合租在校外的公寓裡。

某天失手打碎室友一個杯子，室友說了我兩句，我晚上就失眠，做噩夢，夢見有人不斷地責備自己。

曾經有一次我下廚炒菜，被室友調侃味道不怎麼樣以後，就再也不敢炒菜了。

在餐廳吃飯的時候，不能正常地要求服務員提供相應的服務。媽媽也是這樣的畏縮，我們在外面吃飯的時候，都無法自如地去要求一個正常的服務。

我甚至在和一個人交流的時候，不敢去看著他的眼睛。我總是低下頭和人說話，偶爾抬起頭，也只是驚鴻一瞥，就快速地從對方的眼神裡逃離了。

人際關係是我的軟肋，從小就是這樣。

不安，害怕，緊張，無論我做什麼，都感覺別人在嘲笑自己。

國小的時候，感覺自己就是生活在一個周圍人都嘲笑我的世界裡，他們會說我衣服上怎麼可以看出來昨天吃了什麼，吃飯的咀嚼聲很大，擤鼻子的姿態，走路都是一扭一扭的⋯⋯

在宿舍裡，有同學翻書的聲音大了一點，我都覺得他是在嘲笑我，呼吸稍微重了一點就感覺是在諷刺我。

如果日常生活中真的面臨被嘲諷的情景，我的身體會立刻僵住，完全不知道該如何去應對，我的大腦似乎缺乏處理這些訊息的 CPU。那是一個天外的世界，在那個世界裡，我和一個稚嫩的孩子一般，唯一的反應就是天要塌下來了似的驚慌失措。

大學一年級的下學期，我已經沒有辦法進入學習狀態，感覺人生完全沒有方向，看不到前面的路。我好像在大霧彌漫的日子，踩在一片棉花田裡，隨時都會整個摔倒下去⋯⋯

學習上的癱瘓狀態，加上和一個曖昧中的女生無疾而終的事情，我把自己否定到完全沒有存在的價值，然後，我嚴重憂鬱了。

在憂鬱的日子裡，我每天的事情就是睡覺，從早上睡到下午，然後，晚上一夜一夜地失眠，在滑手機中度過。

休學一年之後，我再次重返學校。

一直都有的學習焦慮症再次嚴重地出現。

從小就是這樣，注意力很難集中，很容易分神，無法專注在自己想做的事情上。國中高中的時候就是這樣，包括在學測前，讀一道題都要分心幾次。進入大學以來，看一頁書，常常是看幾段，就開始玩手機，玩手機的時候，彷彿有人在盯著自己，責備自己，那種感覺很不舒服，但是如同自虐一樣的，看幾分鐘書，就要玩半個多小時的手機，然後又意識到自己的學業沒有辦法完成，又開始看書，看不到幾行字，又要摸出手機來……

這個過程裡，我充滿了極度的焦慮，被當太多課了，26 歲大學還沒有畢業，我那些同學，22 歲就準時畢業，現在好多月薪都快十萬了。我還在校園裡晃悠，讀書讀不下去，工作的事情也沒有著落。

我有嚴重的拖延症，包括在最重要的畢業作品設計上，本來集中精力，幾天可以做好的事情，硬是一直拖著不做，臨到要交前的 10 多個小時才開始熬夜來做，做的品質當然不行。最後是因為老師見我歲數這麼大了還不能畢業，給了個人情分，過了。

每天不停地玩手機，常常會玩到凌晨 3 點多，4 點多，眼睛都快睜不開了，才勉強入睡。睡眠品質也不好，風吹草動都容易驚醒。

▌解析▌

樹生從小就很愛哭，這好像不該是一個男孩子的行為，但是不知道為什麼那麼喜歡哭。我能夠感覺到他心中一定充滿了委屈吧。透過哭泣來呼喚，呼喚生命裡有一個可以看到自己存在的人。

他很焦慮，讀書讀不好，沒有工作，喜歡的女生跟別人在一起了。學測考了 3 年，原因只是不知道自己要選擇什麼學校，什麼科系。

　　我聽到他說過的詞語裡，印象最深刻的就是「蒙了」這個詞。這個詞他使用的頻率比較高，整個國中和高中，甚至大學的許多時候，他都形容自己是「蒙」的，不知道自己該選擇什麼科系，不知道自己要如何去和同學相處。剛進大學的時候，面對那些會寫程式，會唱歌的同學，他很自卑，也有點「蒙」。雖然自己也算是飽讀詩書，然而並沒有什麼用，他內心裡瞧不起自己，所以投射性認為同學們瞧不起他。面對任何人帶給他的歧視，他的反應都是「蒙」的；頻繁玩手機的時候自己是「蒙」的；心儀對象不回覆自己訊息的時候也是「蒙」的……

　　幾個月前，他開始了第一次正式的戀愛，女孩很不錯，是一個碩士研究生，長相清秀，性格很好。他脆弱敏感細膩，而她卻很大條，善於包容、接納，人際關係好，朋友多。

　　和女友在一起的前兩個月，他一直都覺得他們的關係很虛幻，她隨時會消失不見了，不敢相信她會喜歡他，感覺自己不太配得上這段感情，一點信心都沒有。第三個月的時候，如果要他對別人說，他有女朋友了，感覺自己在騙人一樣的虛假和虛幻。

　　他常常會去試探女友，女友 EQ 很高，總是能夠以平穩的心態來應對他的試探。女友的工作非常忙，如果他傳 LINE，她沒有及時回覆，他就會東想西想的。

　　和女友的關係，讓我看到他把內在的自我貶低的那個部分，投射給了女友，認為自己不值得被人愛，不值得被那麼優秀的女人愛，和女友的關係是虛幻的，女友對自己也是虛假的，總有一天會離開自己。

　　女友沒有接受他的投射，無論他投射給女友什麼，女友都按照自己恆定的態度來對待他。這個女友，是他最好的心理治療師。

　　有一次，他去探望女友，女友那時正在做自己的事情，沒有很熱情

153

地起來迎接他以及問他吃飯了沒有。他感覺到女友的冷落，心裡很難接受，那一瞬間，他想離開，他想結束關係……當然，接下來女友的反應改變了他的念頭。

在心理諮商的過程中，他漸漸地意識到了自己有許多的「第一反應」，這些第一反應來得那麼的快速、猛烈，而且馬上把他的思想意志和情緒打趴下，讓他陷入很糟糕的感覺之中，並且容易做出衝動性的第二反應以及隨之而來的懊悔等第三反應。

他內在有一個不被媽媽喜愛的小男孩的形象，那麼，誰撞在這個「槍口」上，都會引起他的第一反應，那是一種深刻的痛楚。不被媽媽喜愛的痛楚是那麼的強烈，強烈到了誰啟動了這個創傷，他就要誰死。死是一種象徵，代表著他準備從關係中撤退，結束和對方的關係。

我們在幼年時期和媽媽建立的那種關係，似乎是一個範本，媽媽對我們是友善的、慈愛的、接納的，我們和後來的任何人的關係就充滿了友善、慈愛和接納的味道；媽媽對我們充滿了攻擊性，讓我們體驗到了敵意的話，那我們和世界的關係就是緊張、害怕、防禦、敵對、猜忌、不安的。和媽媽的關係的品質，影響著我們和其他人的關係的品質。

他在課業上的焦慮，讓我感受到了他和權威的關係。其實，他滑手機是不玩遊戲的，他不能容許自己玩遊戲。滑手機的時候，他分成幾種情況，看娛樂小說就很難受，看偵探小說感到浪費時間，看社科類的、經驗分享類的就好受一些。

大學的學習，對他來說就象徵著權威，因為那是他不得不去完成的強制性的任務。對這個孩子來說，任何強制性要完成的東西，都代表著權威的角色。他就是不想讓自己順利地服從這個「權威」的安排，所以他內在有抵抗。他不是沒有能力去完成大學學業，以他那樣差的注意力

都能夠考上國立大學，他的智商是沒有問題的。但是，他就是沒有辦法讓自己去讀書，只要是和課業相關的任務，幾分鐘的時間，他就要轉移注意力了。

他要去看手機上的「PTT」，他要去看手機上的「維基」，總之，手機上看什麼都可以。我於是問他，你看手機的時候，注意力能夠集中嗎？他一愣，回答我說，可以集中，沒有問題。

看手機是反對權威，但是反對權威，自己心裡又很焦慮，因為反對權威總是意味著潛意識層面和權威的關係「斷裂」，讓權威對自己更不喜歡。但是，服從權威，又意味著自己唯一的「精神自留地」都可能喪失。他在這樣的矛盾和猶豫中喪失了行動力。

而且，他因為長期遭受外婆的侮辱，說出了那句話——貧窮是一種罪，原罪一樣的罪過。所以，他的人生目標也是要出人頭地，做到高管，拿到高薪，然而，他卻總是在讀書的時候分心，沒有辦法正常學習下去，陷入學習上的「癱瘓」狀態。

這個個案身上神經質的性格特色是很明顯的，一方面，他追求完美，想要出人頭地，想要什麼都比別人強，他不允許自己把時間花在不必要的事情上；另外一方面，正是因為他對自己的這些「管理」缺乏彈性，他內在追求自由的那個聲音又會冒出來對他說，我想放鬆。於是，他又開始不停地玩手機。

精神官能症的人是很難在兩種互相矛盾的性格屬性之間自由轉換的，所以他充滿了焦慮。

還有一種情況是，在讀書的時候，如果有人陪伴，或者有同學或老師給他硬性的任務，並且陪伴他一起進行的話，他是不會分心的，他是能夠完成被指定的任務的。反之，如果沒人陪伴，他會覺得他正在做

的事情沒有意義，內心是空的，甚至有時候是驚慌的，思緒也總是雜亂無章，意識流不停地流過。從這一點看，他是固著在兩三歲的那個做什麼都需要有人看著他的階段，也是這個孩子缺乏情感上的陪伴的一個展現。

█焦慮症和憂鬱症的關係█

在徐俊冕醫師的文章裡，這樣寫道：

焦慮症和憂鬱症共病是常見的，而且焦慮和憂鬱常有重疊，有些症狀是共有的，還有些症狀是不同的。在憂鬱症中大部分都伴隨焦慮……

焦慮和憂鬱的區別如下：

- ✎ 焦慮的主題是危險，憂鬱的主題是喪失。
- ✎ 憂鬱的負性認知是全域性的，對自我的全盤否定；焦慮的負性認知是選擇性的，常針對具體事物。
- ✎ 焦慮症患者對未來仍有憧憬，不會主動放棄；憂鬱症患者對未來感到失望和絕望，常會自動放棄努力。
- ✎ 焦慮症的負性評價是暫時而不確定的，憂鬱症常是全面、持久而絕對的。

焦慮症和憂鬱症都是有共同人格基礎的一類心理疾病，由於自我意象裡缺乏穩定的、正性的自我評價，所以容易陷入對愛的喪失的擔心和憂慮之中，一些言行只是這種擔心和憂慮的外顯而已。當處於焦慮的時候，這個人對於自己能夠透過努力去獲得自我價值感還有一定的信心，只是這種信心遭遇了現實的困難，從而產生焦慮情緒。

而到了憂鬱狀態的時候，這個人對於能不能認可自己，能不能得到別人的愛和認可，已經沒有信心了，他陷入了根本性的自我否定。外界的客體並沒有明顯的否定患者的痕跡，但是在患者的幻想之中，患者已經先行否定自己能夠獲得親密的人的愛和認可，故而表現出憂鬱症狀。所以，憂鬱症患者是傾向於負面評價自己的。

焦慮總是憂鬱的前奏，當持續而彌漫的焦慮情緒超過患者的負荷的時候，患者就容易陷入憂鬱情緒之中。

在臨床上，憂鬱症和焦慮症幾乎都是共病的。很少見到一個憂鬱症患者沒有焦慮情緒，也很少見到一個焦慮症患者沒有憂鬱傾向。

焦慮的時候，患者還在乎著什麼，而到憂鬱的時候，患者似乎什麼都不在乎了。但是，這只是一個表象，憂鬱症患者的內心比任何人都更在乎周圍人對他的態度和評價，正是因為太過於在乎，把自己的情緒的能量都耗竭了，所以不得不憂鬱了。

▌諮商心理師的建議▌

◆放棄完美主義

焦慮的人一般都追求完美，如果事情出現差錯，他們會把自己全盤否定。所以，放棄完美主義的第一步，是要把那個會犯錯的自己，看成是「那只是我某個時候的一個例外」，而不是「我就是一個一無是處的人」。

◆學會接受一件事情的不確定性

焦慮的核心是對於未來沒有發生的事情的一種擔憂，而且這種擔憂多半是彌散性的，讓患者坐立不安，但是又不能很明確地知道自己為什

麼那麼擔憂。有時候，事情其實都是準備好的，不會發生太大的差錯，但是患者依然焦慮，依然覺得自己會把事情搞砸，依然會有面臨被羞辱、被排斥、被貶低的可能性。

所以，學會承受事情的不確定性，是調適焦慮狀態的最重要一步。但是，這一步如果真的那麼容易的話，焦慮的人就不容易焦慮了，所以，這件事情是有難度的。

焦慮症患者的心中，對待事情的看法是比較固定的。患者心中，對於許多事情都有一個「應該」。比如：「我應該把這件事情準備得萬無一失」、「我不能讓某某某對我失望」、「我不應該喜歡上老公之外的其他男人，精神出軌也是很傷害人的」、「我應該對誰誰誰負責」……

正是「應該」兩個字，導致患者無比焦慮，所以，如果把「應該」置換成「盡量」或者「我可以選擇……」，患者的焦慮感就會降低許多。因為這個世界上不存在真正的「應該」，所有的「應該」都是患者自己構建出來的自虐意向。

他會把自己小的錯誤，放大成大的錯誤，然後覺得自己承受不了這個大的錯誤的後果，反而時常無法行動。他的思維局限在自己小的錯誤上面，看不到自己還有更多的優點，他害怕別人因為他小的錯誤而否定他，甚至拋棄他，所以，他充滿了焦慮。

調適的方法就是看到自己的整體，不要因為局部的不足而否定自己的全部。

恐慌症：我想要一個媽媽

黃燦依，女， 17 歲，某中學高中一年級學生

我出生幾個月的時候，媽媽因為和爸爸關係不好，離家出走，去外地工作，從此以後就再也沒有回來。爸爸隨後也去外地工作，在我 9 歲的時候因為交通事故身亡。

從小是爺爺奶奶撫養我長大的，爺爺奶奶生活在鄉下。爺爺對我比較嚴厲，奶奶對我比較縱容，但是她性子急，常常因為我不能按照她的要求做事而斥責我。6 歲的時候，因為我姑姑生了孩子，奶奶就去照顧表妹了，我一個人在家裡哭了一個多月。

從小到大的生活費用、教育費用和一切開支，都是姑姑在替我支付，平時我在學校出現什麼問題，都是由姑姑去學校交涉，爺爺奶奶年紀大了，只能照顧我的生活。姑姑對我課業上的要求嚴格，很少表揚我，喜歡拿我和成績好的孩子做比較。

國中二年級的一次期末考試，我考了全班第一名，很開心地匯報給姑姑，誰知道姑姑卻對我說：「這有什麼好值得驕傲的，妳只是在這種鄉下中學裡面考了第一名，要比就要和大城市的學生比，和他們比，妳還差好大一截呢！」

　　姑姑是一個事業有成的漂亮女人，是我爺爺奶奶的幾個孩子裡最有出息的，是市區的白領菁英。從小，她就是我學習的榜樣，我希望成為一個像姑姑那樣成功的女人。

　　姑姑雖然對我很嚴厲，但是，她還是把我當作和她親生的女兒一樣對待的。平時我要什麼名牌鞋子和衣服，姑姑都會買給我，在她忙得過來的時候，也會去替我參加家長會，姑姑一直說，她對我和表妹是一樣好的。所以，國三上學期的某一天，我寫了一封信給姑姑，在信的結尾，我問她：姑姑，妳可以做我的媽媽嗎？我可以做妳的女兒嗎？

　　我在忐忑不安中等待姑姑的回信，但是姑姑一直沒有回信。

　　國三下學期的某一天，姑姑費盡周折把我的親生媽媽找到了，把她帶到了我面前，而我怎麼也無法面對眼前這個如同村姑一樣的媽媽，不，她本來就是鄉下人，在外地的餐廳裡做著洗碗這樣的工作。她長相粗陋，身材肥碩，毫無氣質可言。不，這不是我心目中的媽媽，我不想要這樣的媽媽，所以我一直躲在奶奶的身後，不肯去叫她。媽媽最後很失望地走了，然後再也沒有回來過。

　　國三下學期，我在學校裡的時候，常常會出現緊張和焦慮的現象，我很害怕自己成績不好。但是，我越怕，就越是無法專心聽課，曾經很好的數學也大幅退步。看到同學們都能夠進入學習狀態，很認真地在複習，而我卻無法進入狀態，我就更加緊張。焦慮嚴重的時候，心慌，手抖，很想從教室跑出來，上課的時候，老師講什麼內容，我完全無法聽進去。

　　某一天，學校晚自習後，我回到宿舍，晚上11點以後，表現狂躁，大吼大叫，心慌難受，心跳加快，呼吸困難，四肢麻木，無法控制自己的情緒，也不願意接受別人的幫助。第二天，姑姑帶我去醫院檢查了心

電圖，沒有任何異常。第三天，又突然出現心慌難受。上述症狀一旦離開學校就恢復正常，一個星期以後，在學校上課的時候，又突然出現心慌難受，離開學校回家休息，又恢復正常。

醫院的診斷是恐慌症，開了幾種藥給我吃。但是我覺得吃了沒有用。

後來我出現了幾次從教室裡跑出來，到操場上急速奔跑的現象。其實那個時候，我只要自己跑跑，慢慢就會平息下來的，但是老師和同學很緊張，不明白我發生什麼狀況了，每次我跑出來，老師和同學就會跟出來，嚴重影響了學校的教學秩序。

每次學校打電話給我姑姑，叫她過來學校的時候，我姑姑就會很惱火地發脾氣，說她的工作都很忙很累，我還偏偏要給她找麻煩。

姑姑的情況我是知道的，表妹還小，姑丈的工作又是長年在外地出差，家庭和工作的事情，常常把她壓得喘不過氣來，現在，還要為了我的事情，反覆地在市區和鄉下之間奔波。每次看到姑姑憔悴的神色，我覺得自己很不乖。但是，每次看到姑姑會因為我的事情，不遠百里開車來到學校，我又能感覺到姑姑是在乎我的。

在教室裡上課時那種緊張的情緒始終會出現，每次出現，我就忍不住要從教室裡跑出來，然後學校就會通知姑姑到學校來。

有一次，姑姑很生氣，說：妳要是再這麼不乖，我就把妳送到妳媽媽那裡去……後來去學校上課，焦慮的情緒就更加嚴重了，慢慢地不再想去讀書，沒有多少心思吃飯，睡覺也容易驚醒，反覆思考人為什麼會活著，覺得自己對許多東西的興趣都下降了。上網一查，自己符合憂鬱症的好多條症狀。

……

　　有點坎坷，但是我後來還是考上了一所不錯的高中。在高中一年級的時候，學習上的焦慮症又出現了，還是會連續地從教室裡跑出來，然後學校反覆打電話給姑姑，讓她來把我接回鄉下的爺爺奶奶家裡休養，我姑姑都快被我折磨瘋了……

▌解析▌

　　心理諮商中的片段：

　　燦依：是的，其實姑姑對我的愛從來沒有改變過。是我自己想多了，想要一個媽媽。

　　諮商師：我理解妳想要有一個媽媽的想法，這個想法一定很久了吧？

　　燦依：是的，（哭泣）從小別人就說我是一個無父無母的孤兒，那個時候我就一直在想，我要是有一個媽媽該有多麼好啊……

　　諮商師：所以，妳就寫了那樣一封信給姑姑……

　　燦依：是的，我鼓起勇氣寫了那樣的一封信，但是卻一直沒有收到姑姑的回信，隔了幾個星期，她居然把我媽媽帶到我面前了，那個媽媽我很陌生，她知道嗎？而且在我一去學校就很緊張的狀況下，我提出不想去學校讀書了，姑姑居然威脅我說，如果我再不乖，就把我送到我媽媽那裡去，我好害怕啊！

　　諮商師：所以妳覺得姑姑並不理解妳。

　　燦依：是的。

　　……

　　燦依：每次和姑姑一起出去玩的時候，別人都會說，這是妳女兒吧，長得好像妳。但是這個時候，姑姑就會跟別人解釋說，這不是我女兒，

是我哥哥的女兒。我心裡好希望有一天她可以對別人說，這是我的女兒啊！

諮商師：那個時候，妳心裡感到很失落，對嗎？

燦依：是的，她也說過，她對我和表妹是一樣的，既然是一樣的，為什麼不願意讓我做她的女兒呢？

……

這個孩子生命早期，經歷了 3 次被拋棄，媽媽、爸爸和奶奶，雖然他們都是有原因的，但那是大人的原因，在孩子內心，認定是因為自己不可愛，我沒有價值，所以你們都不要我了。進入青春期以後，想成為姑姑的女兒的願望沒有實現，這樣的核心信念就更加嚴重了。因為姑姑很強調讀書的重要性，所以燦依就很緊張自己的成績，一旦在學校發生學習進度和學習效率不如意的情況，就會加重自己的緊張情緒。

爺爺年輕時功課很好，是那個年代的大專生，但是因為一些變故，工作沒多久就被辭退了，後來回到鄉下務農，有時候也做點技術性工作。所以，爺爺對燦依的成績也是有要求的，爺爺希望燦依成績好，考上理想的大學，離開鄉下，像自己的女兒一樣，在大城市發展。

爺爺平時很疼愛這個孩子，但是，一旦涉及燦依課業上的事情，爺爺就會變得過分認真。小學三年級時，有一次燦依考試退步了，爺爺來學校接她的時候，責怪了她，還把手中原本買給她的棉花糖丟了。奶奶雖然不怎麼管燦依的功課，但是卻不喜歡燦依和成績不好的孩子在一起玩。

所以，燦依的家庭教養方式存在一定的問題，整個家庭都很強調念書的重要性，而缺少對孩子精神世界的關注。

燦依從小就失去了父母的庇護與憐愛，雖然有爺爺奶奶和姑姑的疼

愛，但似乎對她也不是唯一的愛，姑姑生下表妹以後，奶奶就去帶表妹了，她哭了一個月，以為奶奶再也不會回來了。在她和表妹之間，姑姑肯定也是更愛自己的女兒的。

所以，在和同學相處的時候，如果她的好友和別人多說上幾句話，她也會吃醋，她希望自己成為朋友的唯一。

室友去買飯的時候，如果不叫上她，她一個人待在寢室裡，立刻會產生自己是被拋棄的，自己是很孤獨的想法和念頭。而且，那種孤獨感是非常強烈的，強烈到她想立刻離開學校。

燦依處於青春期，本階段的基本任務是獲得身分認同，但是，燦依童年的特殊經歷導致和撫養者不能很好地共情，所以在獲得自我角色身分認同方面發生了困難。

潛意識層面裡關於被拋棄的感受，讓燦依對於獲得家人的無條件的愛感到懷疑，傾向於將成績和獲得愛與歸宿連繫在一起。

姑姑反映這個孩子從小到大性格都很倔強，反向心理嚴重，常常和長輩頂嘴，不喜歡別人指使她做事情，只要是帶指使的味道，她就要反抗。

但是她又常常希望和家裡的人保持聯絡。在她發生心理問題以後，姑姑和爺爺奶奶都改變了對她課業上的要求，只希望她可以順利度過高中三年即可。

國中的時候，每次姑姑和她打電話，其中一個內容就是要問她這次的考試成績怎麼樣；而進入高中以來，因為她反覆發作的症狀，姑姑和她打電話就不再談成績了。

這孩子在諮商中，有好幾次都是很失落地問我：我姑姑最近為什麼都不問我的成績了呢？

所以我在思考，她在用什麼東西來和她的姑姑保持連結呢？

她曾經敏感地知道，姑姑在乎她的成績，她以為自己只要成績好，姑姑就會認可她，就會接納她，她成為姑姑女兒的心願就有實現的可能性。所以她無比擔心自己的成績，在這樣焦慮的情況下，成績是不可能維持好的。所以她就出現在教室裡緊張的症狀，看到周圍同學都可以讀書，自己卻靜不下來的時候，她甚至會出現一系列的急性焦慮發作的症狀，比如心慌、心悸、手抖、暈厥等驚恐症狀。

患者對自己缺乏一些合理的認知，因為周圍的人對她的某種程度的不接納，所以燦依也認同了這個部分，她其實沒有接納自己。在她自己的生命裡，她沒有給自己一個存在的位置，所以想透過做姑姑的女兒來給自己一種身分感、認同感、價值感。當這個努力失敗的時候，燦依感覺到的是一種關於自己的存在焦慮。

至於當時偶爾的驚恐發作以及後來持續的廣泛性焦慮症狀，就是對這種存在焦慮的反應。情緒永遠只是一個表象的東西，情緒只是一個訊號，情緒的背後一定隱藏著患者對於自己的存在性焦慮。這樣的存在性焦慮可能把她帶往邊緣與自戀的方向，也可能在及時的心理諮商的幫助下，形成相對安全型的依戀，找到自己存在的位置，然後，回歸到相對正常的人格結構中。

▌驚恐發作患者的心理機制▌

大約 50% 的驚恐發作患者在童年期曾經有過分離性焦慮的體驗，這種反應有重要的生存價值，因為它鼓勵父母對嬰兒要密切關注。心理學認為這種反應是因為嬰兒害怕被丟棄，日後由於心理衝突可能促使驚恐發作。

童年期尤其是嬰幼兒時期的分離性體驗，對一個孩子來說，就是一種死亡恐懼，因為和熟悉的重要他人的分開，意味著自己的生存受到嚴重的、未知的威脅。所以，成年以後，在遇到類似的心理衝突的情況下，嬰幼兒時期沒有解決的心理衝突再度被啟動，就會出現恐慌症（panic disorder）。

驚恐發作的時候，就是一種類似死亡的體驗，患者會誇大自己面臨的危險，感覺生命非常脆弱，自己很容易就消失在這個世界裡。這似乎也是一個隱喻，患者在尋求親人更多的關心，更多關於被愛的保障訊息。患者無法從自身的存在中找到這種蹤影，所以，在感覺到自己做錯了什麼事情，引起相應的心理衝突的時候，或者感到自己的存在缺乏相應的價值，對這一點憂心忡忡的階段，恐慌症更容易發作。

▌諮商心理師的建議▐

放鬆訓練，對於緊急發作的恐慌症患者是很有效的：

◆ 深呼吸

具體做法：採用鼻子呼吸，腹部吸氣。雙肩自然下垂，慢慢閉上雙眼，然後慢慢地深深地吸氣，吸到足夠多時，憋氣 2 秒鐘，再把吸進去的氣緩緩地呼出。自己要配合呼吸的節奏給予自己一些暗示和指導語：「吸……呼……吸……呼……」呼氣的時候盡量告訴自己「我現在很放鬆很舒服」，注意感覺自己的呼氣、吸氣，體會「深深地吸進來，慢慢地呼出去」的感覺。重複做這樣的呼吸 20 遍，每天兩次。這種方法雖然很簡單，卻常常發揮一定的作用。如果你遇到緊張的場合，或是不知道自己該怎麼辦、手足無措之時，不妨先做一次深呼吸放鬆。

◆ 想像放鬆法

　　想像最能讓自己感到舒適、愜意、放鬆的情境，通常是在大海邊。例如：「我靜靜地俯臥在海灘上，周圍沒有其他的人；我感覺到了陽光溫暖的照射，觸到了身下海灘上的沙子，我全身感到無比的舒適；海風輕輕地吹來，帶著一絲絲海腥味，海濤在輕輕地拍打著海岸，有節奏地唱著自己的歌；我靜靜地躺著，靜靜地傾聽這永恆的波濤聲⋯⋯」替別人放鬆時，要注意語氣、語調的運用。自我想像放鬆可以自己在心中默念。節奏要逐漸變慢，配合自己的呼吸，自己也要積極地進行情境想像，盡量想像得具體生動，全面運用五官去感覺。想像放鬆法，初學者可在別人的指導下進行，也可根據個人情況，自我暗示或藉助於錄音檔來進行。

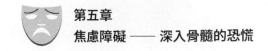
恐懼症：我為什麼這麼害怕一個人的夜晚？

夏純依，女，39 歲，自由寫作者

某年某月某日，搬進這間新租來的房子。

女兒去上晚自習，每天回家的時間是晚上 10 點半。

一旦天黑了，她一個人待在這間 27 坪的房子裡面就會害怕。

剛搬進來的時候，是和女兒睡在小臥室裡同一張床上的，所以她心裡會覺得安全，不害怕。但是女兒有晚睡的習慣，女兒不入睡，她就無法入睡，所以她不得已搬去客廳的大沙發上睡覺。

大臥室是空著的，但是不知道為什麼，打從搬進來這裡，她就不太喜歡大臥室。

每次搬進一套別人住過的房子，她都會仔細地檢查前面租客留下的東西，她沒有辦法接受別人用過的東西。因為她總是會有無數的想像，前任是一個什麼樣的人，是一個沾染上不良習慣的、有邪氣的人嗎？還是已經死去了嗎？她害怕一切和死亡相關的資訊，她無法讓自己沾染上一丁點的死亡氣息，彷彿那一絲彌留的死亡的味道都會把她帶往通向死亡的大門一樣。

所以，她常常懷疑自己是一個獨立的、活著的人，還是一個氣若游

絲的、只是等待死亡的人。有些微的死亡的力量，都會把她往那裡面拉扯，她拚命地杜絕自己和死亡的連繫，拚命地想保住自己這副精神殘軀。

租房子的時候，她會反覆跟仲介說：這間房子裡面，千萬不能是死過人的，死過老人也不行。這是她的忌諱，她沒有辦法接受這個東西。如果他們沒有告知她實情，她就算是搬進去了，從鄰居那裡知曉了，她也會搬出來，然後和仲介理論。

面對房東，她也會把同樣的話再說一遍，只是口氣會更委婉一些。她甚至會側面地從房東那裡把這套房子所有住過的人的資訊都了解一下。

住進來以後，和鄰居聊天的時候她會很害怕，萬一對方提到什麼內容是她所不能接受的，她又要搬家。每搬家一次，她的元氣幾乎會折損一大半。

以前，住進來以後，她會把屬於前任租客的東西幾乎全部扔掉。她無法判斷那些東西上面有沒有帶死亡的痕跡。

這次還好了，鄰居們都會說起她的前任租客，因為這間房子並不算舊，所以住過的人並不多。她知道他們都是很健康的一群年輕人，所以對屋子裡還殘留著的一些東西手下留情了。

她幾乎從來不買二手貨，她對於自己不了解的二手東西的來歷充滿了疑慮。

有時候，迫不得已會買到二手的東西，她處理的方式就是，在睡覺之前，把它們從她的臥室裡移出。

睡覺的時候，似乎是一個人力量最微弱的時候，任何細微的力量都可以致一個睡眠中的人於死地。

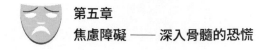

大臥室裡有她的筆電。晚上的時間,她不得不待在大臥室。

前幾天都是不敢的,不敢一個人待在大臥室。不知道為什麼,從搬家進來以後,就一定要找到這間房子裡自己害怕的一個地方,然後不在晚上待在這裡。

現在她待在大臥室,心跳應該比平時快許多,頭部的太陽穴有點痛,可能也和感冒了有關係。大臥室的門是關上的,如果不關上更害怕,樓上偶爾發出一點聲音,她都會心驚膽跳。

現在是晚上9點半,她的心跳和平日裡的確是不一樣的。起碼,是經過了緊張,心跳,恐懼,不安,心悸⋯⋯

前幾天晚上,她把筆電搬到了客廳,但是,客廳是一個公共區域,她無法在公共區域進入她一個人的世界。所以這臺筆電還是又回到了大臥室,筆電是她工作的唯一武器,寫作靠它,聽課靠它,查閱資料靠它,幾乎什麼都靠它,她並不習慣用手機來完成這些工作。

她嘗試過,坐在面對大臥室門的地方,她就沒有那麼害怕了。她打字的時候,只能背對著門,這樣她會很恐懼。看來,迫害她的力量來自門的那邊,她的背後。

她常常會去感受那個東西是個什麼東西,最後發現是一個男人,而且很像是她老公,他要來把她帶走。

這究竟是她的期望,還是她的恐懼呢?

但是,有時候又不是她老公的意象,而是一個陌生的男子。但是,總體來說是一個男性,這是沒有問題的;而且是迫害她的一種力量,也是沒有問題的。有一次,她壯起膽子讓自己去看那個令她恐懼的意象,最後看到,是一個男子,要用麻布袋來把她包裹起投入河中的意象。

而這個意象是她媽媽小時候的經歷。

在媽媽的嬰兒時期，她同父異母的哥哥在一個夜晚，把睡著的她，從同樣睡著的保母身邊抱走，然後一直抱到河邊，準備把她投入河中。

那天哥哥喝了酒，喝得醉醺醺的，加上兩個女人一直為了同個男人而爭寵，同父異母的哥哥一直站在自己的媽媽這一邊。所以，趁保母睡著的空檔，試圖謀殺這個嬰兒的衝動就藉著酒勁實施了……

這件事情，媽媽會反覆地跟她說起，她不知道，她的黑暗恐懼和媽媽心中沒有解決的心理情結有沒有關係。

媽媽一直到老，都有嚴重的黑暗恐懼症（nyctophobia）。

她在電腦上寫作，每寫一段文字，就要往後面看一下，看看後面有什麼東西沒有。

現在的她，血壓應該又升高了。她一直都有高血壓，但是她並不打算吃藥，如果有可以預期的死亡，她並不害怕，她甚至覺得生命結束在哪一個時刻，都不是很重要的一件事情。

她可以走出去，去到客廳，把電視打開，電視裡人物的聲音會給她很大的安全感。這樣，她一個人在這套房子裡的恐懼可以降到最低限度。

但是，今天晚上，她選擇了留在這個讓她害怕的地方，她想和她的恐懼待在一起。

但凡有任何的聲音，對她來說，都可能是她生命的終結者。她的生命是如此脆弱，如同不存在一樣的脆弱，稍微有任何神祕的力量，就可以把她的生命終結掉。

她發現她的呼吸始終不是自然的。她在她的恐懼裡會消耗掉太多的能量。

前幾天同學聚會，有人說起最近房價漲得好高，要考慮清楚再買房

子。有同學就提到，也可以考慮二手房，然後就有同學神祕兮兮地說，二手房還是盡量不要考慮，你不知道，有一個人買了二手房，住進去以後，發現家裡某個隱蔽的角落裡，竟然供奉著一尊什麼雕像……

那同學具體後來講了什麼，她都不能往下聽了，因為從同學開始講那段話之前，她的神經就開始緊張了，然後耳朵自動地過濾了後面所有的訊息。

當天晚上，她再次無法入睡。直到第二天和她的某個親人聊起這個內容，對方安慰了她。

後來，每天晚上準備在沙發上睡覺之前，她都會習慣性地把《金剛經》擺在茶几上。第二天早上起來又及時地把它收回書架上，她不想讓女兒發現她的神經質。

那一本《金剛經》，如同一位親人，每天晚上默默地陪伴著她，度過了一個又一個夜晚。

客廳的吸頂燈整個晚上一直是開著的。同時開著的，還有一盞檯燈。

燈光拂照到了房間的每一個角落，沒有一個神祕的東西可以被藏匿。

一個人睡覺，如果不把燈打開，她是完全無法入睡的。

她曾經嘗試過不開燈睡覺，後來發現，在黑暗之中能壓垮她的，都是那些想像，想像中都是一些有可能對她施加不利影響的鬼啊神啊之類的神祕力量，一有風吹草動，她的汗毛就開始豎起……一丁點的聲音，一丁點的動靜，都會讓她整個人神經繃緊，心跳加速，屏住呼吸，雙耳聆聽，雙目環視，不知道哪個角落裡，會出現自己無法預測的情景……

後來她沒有再嘗試，每天晚上睡覺都是開著燈的。

每天晚上睡沙發之前，她會把家裡每一道門都關上，她心裡知道沒有必要，但是她並沒有反強迫。在面對自己獨自入睡困難的情況下，她總得去做點什麼吧。

偶爾還是會有無法入睡的時候，她會在半夜起來，替自己沖調一杯牛奶蜂蜜水，每次喝完，她就能很快入睡。彷彿她的睡眠功能其實完全沒有問題，只是需要一個介質來安撫她自己。

其實，冬日的天空，早上 6 點和晚上 6 點的區別並不大，但是，她的心靈會分辨。早上 6 點的時候，房間裡到處都是漆黑的一片，她一個人遊走在這個房間的每一個角落，她都沒有害怕和緊張的心理；但是，一旦進入晚上 6 點以後，她一個人走在這個房間的每一個角落，她都在觀察，都在確認這裡是否安全。當然，她整個人也就是緊繃的。這消耗掉了她許多能量，使她的生命看起來憔悴不堪。

孩子除了週六日不用上晚自習，其他日子每天晚上都會去。所以，這樣的恐懼在她離開老公以後的這段時間，每天晚上都在上演。

有時候，到週末，孩子還會出去玩到很晚才回來，她努力地克制住自己，不要像媽媽一樣，把自己的黑暗恐懼告訴孩子，她不希望孩子今後也和她一樣。

▌解析▐

夏純依曾經一直覺得自己是得到過媽媽許多愛的孩子，直到她接觸了心理學，再來反思媽媽對她的愛，發現那是一種吞噬性質的愛，媽媽是把她當作自己的一個部分來愛的，讓她從來沒有機會可以看見自己是一個獨立的存在。這樣的孩子要在精神世界裡有自己的一個落腳點，是很困難的。

　　一個沒有被自己的媽媽看到過的孩子，是一個沒有靈魂的孩子，白天她可以用許多繪聲繪色的生活模式來掩蓋自己沒有靈魂的事實，夜晚是一個逼出原形的時間，一切都無法再掩蓋；黑暗也是會吞沒一個人的所在，如果一個人沒有靈魂，也就沒有力量來對抗這樣的黑暗，害怕被黑暗吞噬的死亡恐懼，如影隨形地跟隨著這個沒有靈魂的心理患者。

　　像她這樣有黑暗恐懼症的人，是根本不適合一個人生活的。如果不是因為她在婚姻裡遇到她自己過不去的坎，她可能不會選擇過這樣的生活。她和老公處於暫時的分居狀態。但是，即便她對夜晚是如此的恐懼，她也不再向老公訴說，因為她心裡知道，老公雖然會在乎她的感受，但是，在老公感覺到被她傷害的時候，老公就躲到自己一個人的世界裡面去了，不再能關注到她的感受。

　　婚姻裡面，如果走到最後，她是這樣的感覺。那麼，她內在還有什麼固定的客體可以支撐她的夜晚呢？媽媽嗎？媽媽早在她的嬰兒時期，就已經無法成為她穩定的內在客體；老公現在也不是；女兒很忙，也不能成為她內在的客體。

　　如果媽媽沒有辦法在她嬰兒時期成為她的內在客體，那麼有可能她終生都無法找到那個在夜晚可以陪伴她的內在客體。

　　睡覺的時候，本身是一種類似死亡的行為。在睡覺的時候，我們對一切危險的力量都是沒有辦法抵禦的，那是我們一天之中最脆弱的時候。在我們最脆弱的時候，我們對一切可能毀滅我們的力量和人，都持最大的戒心和敵意，就連媽媽也在內。

　　而且我還懷疑，患有黑暗恐懼症的患者，最開始恐懼的原始意象，有可能就是媽媽，比如：媽媽是一個具有吞噬性質的媽媽，或者是一個不喜歡孩子的媽媽，或者是一個喜歡虐待孩子的媽媽，即便是語言虐

待……孩子就會內化一個妖魔化的客體，而這個客體距離自己是如此的近，防不勝防，尤其是在自己入睡以後……

在早期的嬰兒心目中，得到愛的時候，自己是可愛的、有價值的；愛如果比較匱乏的時候，環境是黑暗的，環境裡的人也是可怕的，自己是沒有支撐點的。自己也是沒有價值的，自我的形成是困難的，自我因此也是搖搖欲墜，容易消亡和分解掉的。也就是我們臨床上常常可以見到的自體破碎，甚至崩解的患者。

之所以出現黑暗恐懼，是因為我們內在缺乏一個可以支撐我們情感世界的恆定客體。而在早期，受到父母情感忽略的孩子，內在沒有那個愛的客體的意象的支撐，所以容易墜入自我消亡的恐懼之中。黑暗恐懼，在某種程度上，也是自我消亡恐懼的一種變形。

害怕夜晚的人，在氣質上有這樣的傾向：過於保護自己，甚至達到神經質的地步；想像能力太豐富；缺乏安全感，甚至有被迫害的強迫性幻想。他們不能放心自己所處的環境。也許，最後的入睡還伴隨有強迫的儀式。

從根本上來說，黑暗恐懼類似於一種被害妄想症。只是這種症狀，患者自己是有自知力的，所以，可以用被害幻想來代替被害妄想。

人為什麼會害怕黑暗？

黑暗恐懼的實質究竟是什麼？人為什麼會害怕黑暗？

在白天的時候，空氣中的每一個存在物，都在我們的視線範圍內，也就是說，周圍的世界裡的一切，我們都是能夠看到的，他們對我們是利是害，是友好或者是惡意，甚至禍害或者迫害，我們有更多的感知途徑能夠感知到、控制到和預防到。然而在黑暗中，我們失去了對環境的

感知或者控制的能力，所以，我們很容易讓自己陷入有可能被迫害的恐懼之中，假如這個人的安全感水準非常低下的話。

黑暗中真的有什麼東西會對我們產生不利嗎？儘管大部分個案的前提還是在自己的家中，自己的家中會真的有什麼對我們產生不利的東西存在嗎？如果拿這個問題去問一個心理素養比較好的人，他會覺得這不是和說火柴盒裡裝著一隻大灰狼一樣，只是一種想像嗎？

黑暗中浮現於空氣中的不可知的東西，是人的想像，還是文化設想中關於鬼怪的彌漫性恐懼？如果事實上沒有，那麼，對於鬼怪的恐懼，又是對什麼東西的恐懼的替代或者象徵？

黑暗恐懼是一種表達，表達的依然是對關係的恐懼，對於有一種力量在看不見的地方，有可能對我施以迫害的恐懼。

對於某些人來說，只是有一段時間會出現黑暗恐懼。你可以想一下，在這段時間，是否在你的生活中出現了可能對你不利的人和事件，比如拿著道德的棍子，要你屈服於他的安排的爸爸或者媽媽，經常要懲罰你的丈夫或者妻子，或者要收拾你的主管……

所以黑暗恐懼可能是某一個階段裡人際關係緊張的結果。那麼，在緊張的關係消失之後，黑暗恐懼可能就消失了，或者，把造成黑暗恐懼的原因意識到了，黑暗恐懼也可以大大降低。

某些頑固性的黑暗恐懼，有可能來自於代際創傷（generational trauma），來自於家族的某一代裡出現的嚴重的被虐待或被遺棄的經歷。在那個孩子的心中，這個世間的人都可能是迫害他／她的，那麼，他／她的這種對人的恐懼會彌漫到生活的各個方面，黑暗恐懼的表達只是其中的一種。他的黑暗恐懼會透過言語或者行為傳遞給自己的孩子，然後一代一代地這麼傳遞下來。

黑暗恐懼裡的恐懼，絕對不是對鬼神的恐懼，而是對現實生活中的某個人的恐懼，和他的關係緩和之後，黑暗恐懼就會好轉很多。但是家族性質的黑暗恐懼，很難改變。

我認識的一個女性朋友，他們家就她和她弟弟兩個孩子，她比弟弟大 8 歲。她出生在她爸媽經濟條件比較好、感情也比較好的階段，她弟弟出生在爸媽工作的工廠遭遇破產，而且爸媽又回到她爺爺奶奶家生活，夫妻感情出現嚴重問題的階段。她媽媽沒有心情再打理自己的事業，就常常沉迷於麻將。她弟弟一歲多的某一天，在她媽媽打麻將的時候，獨自一個人爬到了池塘邊，掉了下去，差點淹死，剛好一個路過的叔叔發現，將他救了上來。

她膽子非常大，可以連續看好幾部鬼片，可以一個人獨自居住很長時間。她弟弟卻不行，弟弟 20 多歲以後，都一直沒有辦法一個人睡覺，如果家裡沒有別人的話，他會一直待在網咖打遊戲，直到天亮才回家。後來，在爸爸去世以後，他更不敢一個人睡覺，一個人在晚上待在家裡的時候，會有各種關於爸爸回家的感覺……

▌諮商心理師的建議▌

在孩子小的時候，父母要盡量做到無條件地愛自己的孩子，接納自己的孩子，陪伴自己的孩子，不要讓孩子在太小的年齡就分床睡覺。在孩子對這個世界形成安全感之前，不要跟孩子講一些鬼故事或者傳遞一些迷信、玄幻的東西，太小的孩子由於沒有辨別能力，往往會輕易接受大人傳遞的對於迷信的東西的恐懼感，從而在長大以後也無法適應黑暗或者陌生的環境。

黑暗恐懼症是一種有著極強的遺傳性的精神疾病，因為這一點，所

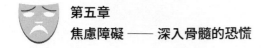
以做父母的要盡量避免把自己的黑暗恐懼症描述給孩子聽，也不要要求孩子在夜晚陪伴自己。人們常常說，榜樣的力量是無窮的，其實，父母脆弱的精神力量，對孩子的影響也是無窮的。

建立一段屬於自己的親密關係，在親密關係裡可以自由自在地做自己，可以有效地杜絕黑暗恐懼的產生。

強迫症：憶童年時竹馬青梅

肖芷雅，女，36歲，碩士畢業，某銀行職員

一年半以前，我和一個國小男同學在一個LINE群組裡重逢了。

小學有幾年的時間裡，我喜歡他，他也喜歡我，但是年少懵懂，大家都不知道怎樣去表達或是否應該表達。

重逢以後，我們開始在LINE上頻繁地聊天，後來見過兩次面，一次是去山上，原本以為最多只是牽手，但他抱了我，親了我，後來在車上也一直拉著我的手。我很緊張，他也很克制。

第二次見面是我在公司加班，他來和我聊天，也發生了擁抱、接吻，然後我送他去旅館，繼續聊了很久，我們都很理智，最終也沒有走到那一步。

國小畢業後我們就分開了，讀高中時聯絡過，後來又失聯了，然後這近20年來我們都不知道對方的聯絡方式。

再聯絡上之後發現彼此都很真誠，也很有默契。男同學還記得我喜歡吃什麼，喜歡什麼顏色，喜歡什麼花。而我和老公結婚10年來，老公對這些概念都比較模糊。

和老公結婚生子後，因為覺得工作累，帶孩子辛苦，家庭氛圍不太和諧（主要是老公和我的媽媽關係不太好）等，漸漸不喜歡和老公過性生活。和男同學聯絡上這一年半以來，我的心情比較好，答應老公求愛的次數比以前多了許多。

雖然和國小同學只是精神出軌，但是我還是覺得很不應該，內心常常覺得愧疚、擔心和害怕。

男同學的妻子發現她老公日夜和我用 LINE 聊天以後，和我聯絡上了，但是她老公直接告訴她，他喜歡的人是我，男同學的妻子後來終日以淚洗面。有一段時間甚至不吃不喝，憂鬱了。後來，男同學答應妻子和我斷絕聯絡。

我向老公坦白了自己這一年半以來的精神出軌，老公頓時明白了這一年半他在性生活上得到滿足的原因。看到老公很痛苦，我自己也很愧疚。

因為覺得愧對老公和女兒，愧對男同學的妻子，在春天的時候我憂鬱症發作。後來做了 3 次諮商，加上自己積極鍛鍊，病情有所好轉，我也向老公保證要和國小同學斷絕聯絡。但是不久後卻出現各種強迫症症狀，在公司反覆檢查東西以及門窗，反覆洗手，擔心別人在我的杯子裡做手腳，導致我以及家裡的人感染細菌等等。

有天帶著 6 歲的女兒去彈鋼琴，看到女兒的嘴巴似乎接觸到了琴架，很擔心，反覆地問了女兒幾遍。女兒每次都很有耐心地回答我：「媽媽我沒有碰到琴架。」

我哭的時候，去拿抽取式衛生紙，我都會擔心我抽的第一張會不會不乾淨。然後拿的過程中如果碰到綠色植物的葉子，我也會覺得不乾淨，然後就很猶豫要不要用。

洗手的時候，先洗哪個地方，什麼順序，都必須是固定的。問題是，我常常在某個步驟做完了之後，又會去想，剛才那個步驟做了沒有呢？如果不確定，就會變得恐慌和著急，又要重新去做。在重新做的時候我又會覺得不應該這樣想，不應該這樣做，所以很痛苦。

我在拿一個吃的東西，經過杯子及類似的東西的時候，我就擔心吃的東西有沒有碰到這個杯子。我覺得不該那麼去想，但是還會去想。又比如：我離開辦公室的時候，會反覆檢查門有沒有關好⋯⋯

爸媽感情很好，爸爸退休前是某部門的經理，媽媽退休前是一個普通職員。

爸爸對我要求很高，對我期待也比較大。

媽媽喜歡貶低我，我買一樣東西送她，她會說那東西的各種缺點。媽媽很不會說話，常常不顧及別人感受。有一次吃飯的時候，我女兒把東西吐了出來，我媽媽就對我老公說，你們ＸＸ人吃飯就是喜歡亂吐，這個女兒就像你⋯⋯

爸媽在生活上都有點強迫症，比如洗澡完了之後，一定要把地上的水拖乾。

小時候有一次我在醫務室打針，從窗外看見爸爸，心裡滿心期盼他可以安撫我。但是爸爸進來以後就責怪我說，又哭，又生病了⋯⋯

小時候，爸媽喜歡說我笨，比如騎那種有輔助輪的腳踏車，我怎麼也學不會，後來是院子裡面的小朋友用繩子牽著我，才慢慢學會的，還有其他的一些事情⋯⋯

國中的一次考試，我考差了，爸爸平時對我期待很高，看到我的考試成績以後就訓我。我心裡很難受，我已經很努力了，爸爸你難道沒有看見嗎？我希望爸爸可以安撫我的情緒，然後鼓勵我下次考好就好了⋯⋯

　　小時候有一次回家忘記關門，爸媽彼此就開始了對話，說：你看她怎麼那麼粗心。他們的對話又讓我聽見了，不知道為什麼，對這些評價我會很往心裡去。

　　以前我是一個做事很有效率的人，現在因為各種強迫症狀，做事變得沒有效率了。

　　我最近也在反覆地思考我和老公的關係，我發現，我跟他說什麼，他的回應總不是我所期待的。比如我說我心情不好，他說妳想那麼多幹什麼；比如我說我工作壓力很大，他說妳不要那麼拚命好不好，感覺離我內心需要的安撫很遠。

　　而那個國小同學就不是這樣的，我跟他說什麼，他的回饋都對我很有幫助。國小同學很在乎別人的感受，在公司也混得很好，他很關心人，願意付出許多的精力去幫助別人。現在我常常會反省自己，有時候對於別人的事情能幫則幫，幫不了就算了，感覺自己並不是那麼好的一個人……我常常希望我的許多角色都是成功的，作為一個妻子、媽媽、女兒、公司員工，但是也常常發現這些角色我有做不到的地方，這個時候我就會自責……

　　前幾天我女兒生病，我爸媽比我們夫妻都更焦慮，然後就跳出來幾次指責我們，不及時讓孩子打針吃藥什麼的。其實，我們夫妻很清楚感冒發燒的消退總是會有一個過程，不可能那麼快就消失了，我們並非不關心自己的女兒……後來，我和我爸爸就這個問題深入交流過。我說，從小到大，我做什麼事情，你們都喜歡指責我，很少給我什麼肯定和鼓勵。爸爸也認同這一點，但是又說，我讀大學的時候，他和我媽媽在背地裡也以我為驕傲，因為那時候我學習非常努力、刻苦，常常能拿到獎學金。我心裡想，你們背地裡認可我，對我有什麼用啊？

　　和國小同學長達一年半的精神出軌，跟我老公說了之後，老公還是很包容我的，對我並沒有過多指責。現在回想起來，其實我和我老公之間的交流，大部分時候還是順暢的。我們是同系的，週末的早上我們常常會躺在床上說好長時間的話，我們還是有許多共同話題⋯⋯

　　在一年半以前，我可能只是比較在乎清潔衛生，但是沒有到強迫症的地步，出現症狀和與國小同學交往的時間的確是重合的。

　　前幾天我對自己這一年半的行為也有一個追問，我在問我自己，我和國小同學的精神出軌，我究竟在做什麼？我似乎也在破壞著什麼⋯⋯

　　後來我明白了，從小我都是一個乖乖女，從不逾矩，這一次，我突破了自己，做了一個不道德的人。之前很擔心這件事情被周圍的人知道，知道了，我建立的那些好的印象就沒有了。我很害怕這一點，但是又在挑戰這個東西⋯⋯

　　現在，我對爸媽的感情開始變得複雜，對女兒的感情也是。以前我認為只能有愛，不能有恨，怎麼可以有恨呢？

▋解析▋

　　這個個案很有意思，所以在開始解析以前，我很想呈現一些心理諮商中的片段，以下是許多次諮商中的部分內容的截取。

來訪者：我人格中最大的特徵是追求完美，不能允許自己犯錯。

諮商師：事情都要做得很完美，是為了什麼？

來訪者：不被批評指責。

諮商師：不被批評指責的背後，是為了什麼？

來訪者：獲得爸爸的認可。

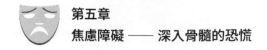
諮商師：獲得爸爸的認可，對妳來說意味著什麼？

來訪者：知道自己是有價值的。

諮商師：知道自己是有價值的，最終是為了什麼？

來訪者：為了獲得愛。

……

諮商師：那麼，和國小同學這一年半的感情，妳是怎麼評價自己的呢？

來訪者：我身邊的人都說我是錯的，我國小同學也說是錯的，老公肯定覺得是錯的，我也跟我爸媽談到過，我爸爸說：情感上的東西是最傷害人的，沒想到妳還有時間去做這種事。還有一個很好的同學，我也跟她聊過，因為她太了解我的性格了，知道我在意別人的評價，所以她沒有嚴厲責備我，但是同學的意見仍然覺得我是錯的。

來訪者：我彷彿一個犯了錯誤的孩子，又在繼續做一件不讓人認可的事情……

來訪者：爸爸和媽媽都是那種很難得認可我的人……對了，我老公也是這樣的人，老公也很少認可我……

諮商師：而那個國小同學就不是這樣的，對嗎？

來訪者：是的，他很喜歡我，欣賞我。

諮商師：妳是他心目中的女神，是吧？

來訪者：對的，他就是把我當女神看的。

……

諮商師：妳 36 年的生命裡，終於等到一個看到妳存在的人了，妳喜歡他，他也喜歡妳。但是，所有人都說這段感情是錯誤的，所以你們又斷了來往，妳為什麼不憂鬱呢？妳應該憂鬱才對啊……

來訪者：（恍然大悟狀）哎，我為什麼到現在才明白這些……我現在感覺我的情緒好多了。

來訪者：以前我都會壓抑自己的許多想法和感受，不能表達出來，自從上了某某老師的精神分析課程之後，我覺得我能夠表達了，國小同學剛好出現在這個時候。所以我能夠對他表達：「如果我們國中階段繼續在一個學校的話，可能以後的人生軌跡就會不一樣。」這句話打開了他內心情感的匣子，我們的戀情也就開始了……

諮商師：妳和老公在性生活上不和諧，長達 6 年，如果他不出現，你們這種平淡的婚姻生活就不會有別的人出現並打破嗎？

來訪者：妳這麼說，我覺得我放下許多了……

諮商師：你們兩個不應該走得這麼遠，但是卻走了這麼遠，說明了什麼呢？

來訪者：……可能我還是很享受，我曾經想過，不是現在，如果真的有可能，如果今後到老了的時候，雙方的配偶都自然去世了，他們家只有他，我們家只有我的時候，我還是願意和他生活在一起的。

諮商師：這個想法對妳意味著什麼？

來訪者：可能我還是對他有些牽掛，可能人沒有得到過，沒有經歷過的東西，還是想去得到……

諮商師：這句話很有意思，那就說明在他身上體驗到的東西，在妳老公這裡沒有得到過。

來訪者：對，就是。所以到最後，我不可避免地要把他們兩個人拿來進行對比。

諮商師：老公淪為被淘汰者？

來訪者：（有點緊張）不，不，不……

諮商師：馬上就得把這個可能否定了，否則妳會成為背叛家庭的罪人……

來訪者：我是給了自己許多的約束，而且在生活中的點點滴滴都是這樣……

芷雅在兩個男人之間，其實是更喜歡國小同學的，當年他們青梅竹馬，彼此喜歡了好多年。但是由於芷雅內向的性格，她在那樣的年紀根本不可能把自己對國小同學的喜歡說出來，而那男生也比較羞澀。上了國中，兩個人不在同一所學校，聯絡自然就中斷了。

一段從來沒有進行過表達的感情，其實會在人的內心形成情結。凡是沒有得到過實現的東西，都會在人的內心深處固著下來，從而成為人最想去實現的未完成的心願。

所以，很多年以後，當他們在國小同學群組裡重逢的時候，這段感情就迅速復燃並且蔓延開來。男同學說：我並不是只喜歡小學時候的那個妳。芷雅說：我也並不是只喜歡小學時候的那個你。這說明，隨著重逢以後交往的深入，他們不僅是回味著小時候喜歡的彼此的樣子，包括現在對方的樣子，也依然是他們彼此的真愛。

她可以回憶起小時候和他在一起的許多細節，而這些細節，和他能夠回憶起的細節高度重合。這樣在彼此的回憶裡共同銘刻下來的東西，見證著他們曾經深刻的愛戀。

隨著時間的推進，他們感到了彼此在精神上的柏拉圖式的愛情。但這又是對他們配偶以及家人的傷害，所以她憂鬱了。

這段感情究竟是美好的還是不堪的，究竟是不道德的還是她生命裡的一種需求？這樣一種常性的衝突，涉及的就是道德和不道德，自己想要與能不能要。她覺得自己犯了不可饒恕的錯誤……她覺得自己很「不

該」，覺得自己是壞的，是錯的。而她對於自己有許多的「高標準、嚴要求」，在這些要求之下，真實的情感和道德不斷發生碰撞，最終以強迫症（obsessive-compulsive disorder, OCD）的症狀來呈現她內心的衝突。

最開始，她覺得這段感情很美好，但是，她不能放任自己去享受這段不該有的戀情。這就是她的強迫症的根源。在強迫症患者那裡，永遠都有一個「我想要」和「我不應該要」的衝突。

這些深刻的衝突是強迫症患者不願意面對的，因為按照真實的想法，她是想和國小同學舊情復燃，甚至重新生活在一起的。但是，在現實層面，她有老公，有女兒，有一個完整的家庭，雖然和老公之間缺乏激情，但是有安穩，安全和穩定。就一個內心對於被愛有著神經質一般焦慮的女性來說，安全和穩定的感情，或許是她最穩妥的選擇。這個選擇也可以避免她道德上的焦慮。

但是，她的生命裡出現了他，那個可以讓她感到生活重新充滿激情的男人，可以讓她煥發出活力的男人。在那一年半裡，她的心情都很好，覺得生活是鮮活而明亮的。從來不哼歌的她，居然隨時哼起歌來。

斷絕往來的決定，是國小同學做出的，她對他的決定有失望，有憤怒，但是她心裡很清楚國小同學為什麼要這麼做，而且她自己也必須這麼做。一個從小謹小慎微、害怕犯錯的女人，生命裡出現了這樣一道難題，她的大腦裡沒有這樣的應對策略。所以，她出現了各種強迫症症狀，那些症狀多種多樣，但是都和應該不應該相關，比如：我應該洗手了，應該洗多少遍，應該按照某個流程來洗，我才是安全的，不會出錯的……

還有，萬一不小心，沒有關好門，有人進來了，家裡客廳櫃子裡擺放了所有人的杯子，並不擔心進來的人會偷錢物，只擔心那個人在杯子

裡放有細菌的東西或吐唾沫，讓自己生病，讓家人生病。覺得自己有可能是讓家人都跟著倒楣的那個人。

她始終還是覺得那一年半的精神出軌，給自己和家裡的人帶來了傷害。而且，如果強迫症的症狀不消失的話，她內在就一定是還有一些衝突沒有解決。

但是，她畢竟走出了那勇敢的一步，她畢竟在那一年半裡，真實表達自己的情感，真實享受對方給予的讚美，真實感受生命的另一種可能性。對於她，我覺得能夠突破某些束縛，堅持內心的一些聲音，對她生命成長的意義，遠遠大於那些所謂的道德和良知。

在公司裡，她擔心有人進她的辦公室，把裡面翻得亂七八糟，然後把她辦公室裡最重要的東西拿走了。還有，她擔心放在辦公桌上的杯子會被人動過……

那時我會有一個自由聯想：她那個國小男同學就是闖進她辦公室的人，把她的生活弄得亂七八糟，然後把她最重要的東西拿走了；會動她杯子，在裡面吐口水的，是男同學的老婆……

還有，她總是擔心自己在傳郵件的時候傳錯了，要反覆地去看收件人的地址，怕應該傳給 A 的郵件，會不會傳給 B 了。這個時候，我也會有一個自由聯想，她是不是還有許多的話想對國小同學說，但是覺得這些話都是不應該說的，萬一被別人「聽」到……

某一次我對她說道：妳和國小同學的感情在先，妳和老公的感情在後，國小同學和他老婆的感情也在後。從時間的先後順序來說，先前的東西的位置是要被尊重和被看見的，先前未完成的情結對人的心理的影響也是要被看見和被承認的。從這個意義上來說，不要輕易地用背叛和不道德來評判自己……

她聽了我的話，說自己放鬆許多了，感到自己「很坦然」了。

她心裡其實很清楚，如果真的和國小同學生活在一起，他會不會再次打破自己對男人的幻想，也是一個未知數，畢竟現在的老公身上，也有許多很不錯的優點。老公讓她感到受挫的那些地方，未見得就真的是老公帶給她的。

後來，她內心的衝突漸漸被澄清和釐清，她的強迫症症狀基本消失。她很感慨地對我說：「我原先不知道心理諮商是怎麼發揮作用的，現在卻發現，那一次一次的對話，那一次次情緒湧動之後的流淚，使我逐漸抵達我內心最真實的地方，看見最真實的自己……」

▌強迫症 —— 內心衝突的巧妙轉移師 ▌

強迫症是一種非常頑固的症狀，患者內心十分痛苦，但是又無力擺脫。

在治療強迫症的時候，我從來不去關注來訪者的症狀，我甚至很少詢問來訪者的症狀有什麼變化。每一次我們在一起，都談他的人際關係，談他在人際關係裡的擔憂、恐懼、不安，等把他的這些東西釐清了，他內心的衝突減少了，他的症狀就會慢慢緩解。

你跟強迫症的患者談症狀，只會讓他固著在他的症狀上面，因為症狀是可以讓他獲益的。你只有把症狀下面他在表達什麼弄清楚了，針對那些東西去工作，他的強迫症才能真正地緩解。

強迫症患者，實際上是內心裡裝著一個嚴苛的撫養者，小時候做錯事情，有一雙嚴苛的眼睛盯著，絕不放過他的錯誤。撫養者喜歡指責他，而且撫養者是有權威性的，除了嚴屬的時候，和這個孩子建立的感情還是深厚的。所以孩子很在乎自己在他面前的表現，在做事的時候非

常小心翼翼，謹小慎微，唯恐一不小心做錯事情，招致那個重要他人的貶低和指責。

撫養者對他是有愛的，但是，一味地犧牲自己的感受，去迎合撫養者的感受，也是強迫症患者內心所抗拒的。所以，從小他就顯示出一些強迫症的初級症狀，猶疑，謹慎，做事要求完美……

我是想要做我自己呢，還是想要獲得贊同和愛呢？

所以，強迫症患者也是在表達「我想要」和「我不能要」的衝突，其實這樣的衝突在大部分的心理疾病之中都存在。但是，強迫症患者選擇了一個和其他的精神官能症患者不一樣的「藝術」表達方式，他把自己的內心衝突透過強迫行為和強迫思維表現出來。

在這個個案裡，她的衝突是，我想要什麼，而老公不允許我要什麼，而這個時候的老公往往是站在象徵性的父母角色之中的，所以會引發患者內心巨大的衝突以及恐懼。這個時候的強迫症患者，在症狀呈現的時刻實際上是退化到了 2 歲或者 3 歲的。

強迫症的背後有可能掩藏著一個人想要維持某種關係的所有努力。那種關係有可能是試圖重新獲得爸爸的認同，重新獲得媽媽的愛和接納，或者是要老公接納自己，或者是要妻子認可自己……

強迫症症狀是一種語言，需要翻譯才能懂得。

▌諮商心理師的建議▐

◆反其道而行之

在出現強迫症症狀的時候，可以採用反其道而行之的方法來試一下，比如一天洗很多次手，很痛苦，你不要去跟這個症狀較勁，你是勝不過症狀的。這個時候，你反過來，鼓勵自己去洗手。以前每次洗手的

時候，你會反強迫，覺得自己不應該洗手，現在你反轉過來，鼓勵自己去洗手，以前每次洗 10 分鐘，現在鼓勵自己，我要洗 20 分鐘……

關門也是這樣的，以前每次下樓以後，要返回去看看門關好沒有。這樣的次數如果是有 10 次的話，你鼓勵自己堅持做 15 次……

這聽起來有點意想不到，但是，面對匪夷所思的事情，你如果堅持去做了，會發現有一個意想不到的結果。當然，這個辦法只對相信者有用……

◆ 和症狀和平共處

你總是想去消滅強迫症狀，它會更加頑固地表現出來，但是，如果你可以學會和症狀和平共處，它就會慢慢地放鬆下來。每個人身上或多或少都是帶有一些強迫症狀的，我們和強迫症患者的區別也許只是我們不和症狀計較。症狀來了，我們等它來，我們順應著症狀的「命令」去做事，反正在主體之上，還有一個「主人」，我們也只能當他的下人，時間長了，症狀會自覺無趣，就消退了。

當然，最重要的，還是要在有經驗的諮商心理師的工作中，一起去看到強迫症症狀背後是在表達對什麼問題的擔憂以及內心的衝突。當然，諮商的終極目標是個人的成長，人格的成熟，不再生活在幾歲時候的恐懼之中。

最後，強迫症是有好處的。我最喜歡強迫症患者做出來的事情了，那真的是認真、嚴謹、負責、滴水不漏，把一件事情交給一個強迫症患者去做，我是很放心的，甚至連多餘的話都不用說，他就會幫我做得乾淨俐落。這一點的意思是說，任何症狀都是有其兩面性的。

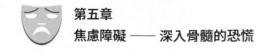
社交焦慮症：我很害怕當著許多人演講

張曉蘭，女，36 歲

某天晚上我要在網路上講直播課，雖然不用面對任何一個人，但是我一天裡都還是會有點緊張。最後實在沒有辦法了，就只能提前錄好音，然後在即時互動的時候，播放已經錄製好的錄音。

線上線下，我會被許多機構邀請去講課，比如醫院和社會工作者機構等，都是講我本專業的課。雖然每次講課下來，都有學員來對我說，老師，您課講得真好，您把我們一直模糊的概念，用很淺顯的話向我們講清楚了……所以，我心裡是知道的，我是一個優秀的講師。

然而，沒有人知道，在每次講課的前幾天，我就會開始緊張得不行。我會去找我的諮商心理師傾訴許多緊張擔心情緒，直到我的諮商心理師安撫好了我，或者，我私底下吃點心得安，我才能走上講臺。即便這樣，面對著那麼多人，我還是有想要逃離講臺的衝動。我會身體發抖，心跳加速，直到對臺下的人說出：「我很緊張，希望你們不要介意……」然後，他們都很寬容地看著我笑笑的時候，我才能開始我的講課內容。

有人說，既然妳這麼緊張，為什麼要去從事這個工作呢？是啊，我也想過無數次，不要去面對公眾講課就好了嘛！但是，一旦有機構邀請

我的時候，我內在的自我表現欲望又會升騰起來，因為我知道，只要我克服了我的緊張情緒，我講課本身是很流利的，專業性方面也是完全可以勝任的。

還有一個重要的東西，就是我一直很想克服自己講課困難這個障礙，因為我知道，一旦克服這個缺點，我擅長講課的本事就會為我帶來高收入。這個是在我每一次短暫地克服了焦慮情緒去講課之後都能夠收穫到的。

一次又一次講課的成功，並不代表下一次講課之前，我就不會焦慮……

仔細想想，我能夠聽到我內在這些負面評判的聲音是那麼多和嘈雜 —— 沒有一個人願意聽我講話，我說的話都是無用的，我一說話就可能會錯，就會有人來恥笑我，發現我是一個沒有多少學問的人。我是一個不受歡迎的人。沒有人真正會喜歡我，每個人聽我講話都會很不耐煩。我是一個卑微的人，不配得到別人的尊重與仰慕。我是個好大喜功的人，知識並不扎實，就想來充當老師……

每次上課之前，我會對我的受眾進行一番詳細的了解，如果是非本專業的普通人士，我就不會那麼緊張；如果是本專業的人士，我的緊張程度會增加；如果是面對專家講課，那基本會讓我緊張得不行了。

在面對一個人的時候，即便那個人是權威，我也不會太過緊張，因為我覺得憑我的專業水準，我還是能夠搞定他的；即便搞不定，我還會察言觀色，知道他對我的哪一點不滿意，我還可以轉移一下話題。但是，如果是在電話裡和一個權威講話，我還是會緊張，因為我看不到他，我說話總是很快，我似乎能夠感覺到對方不想聽我說話，對方是一個沒有耐心的，隨時會打斷我說話的人……

如果是面對許多人講課，我的緊張度就常常超出我能夠控制的範圍。我會出現一系列的自主神經系統的症狀，心慌，手抖，呼吸急促，大腦一下子短路，什麼反應都沒有了，有時候甚至無法講下去。

對方是一個人，我可以觀察到他的反應，知道他有沒有對我的否定；但是如果人一旦多起來，我就不知道哪個人會對我肯定，哪個人會否定我。而我對那些無法控制的否定，有一種巨大的恐慌。

對方的否定對我來說意味著什麼，會讓我死去嗎？我常常在思考這個問題，因為當我面對公眾演講的時候，我的緊張程度，我的身體出現的一系列自主神經系統的反應，的確是如同面臨生和死的考驗。

▋解析▋

從小，她每做一件事情，媽媽都要貶低她，嘲笑她，諷刺她。媽媽並不管她年齡多麼的小，只要她達不到媽媽認定的成年人才能夠做到的標準，媽媽就會用她一貫的否定別人的不屑語氣來貶低她。

那個時候，在她心目中，媽媽是她的神，媽媽代表著正確和無誤，媽媽甚至代表了某種信仰，媽媽是她認知世界的全部。她小的時候，並不知道這是媽媽的病態，她以為自己真的就是媽媽說的那麼笨拙無用。

後來她慢慢知道，貶低她，是媽媽的投射，是媽媽的需求，大部分貶低她的時候，媽媽都會同時表達自己是多麼的能幹和精明。

但是這個時候，她已經養成了一種條件反射，她無法面對任何可能貶損她的聲音。那些聲音裡，似乎代表著某種宣判，關於她精神世界無法去直面的無能和羞恥的部分。

很多人都會出現如同她這樣的社交焦慮症（social anxiety disorder），但是她知道，她的症狀很嚴重。有時候看起來已經好了，但是過一段時

間，又會反覆。

她的媽媽是一個精神問題比較嚴重的人，在她的頭腦裡，完全沒有辦法分得清楚誰是女兒，誰是媽媽，她把女兒當成自己，同時也把自己當成女兒。媽媽並不知道，她在攻擊女兒的時候，實際上是在攻擊她自己。

當然，在媽媽年幼的時候，她的撫養者也是這樣對待她的，她也是一個不斷地被攻擊的對象。她內化的也就是這樣一個不好的自己，所以，她把這個不好的自己拿出去，讓女兒看到這個部分，媽媽透過攻擊女兒身上的這個部分，試圖來修正那個不好的自己。

她成了媽媽的一個精神工具。透過貶低孩子，媽媽獲得了關於自己是好的感覺，然而孩子低下頭去，眼神開始黯淡起來。

害怕面對公眾演講，看起來是社交焦慮症或者社交恐懼症。但是，這些劃歸到精神官能症分類之下的疾病，一般同時伴隨著自戀型人格障礙，或者說是因為患者有自戀方面的問題，表現形式為精神官能症。

一個人的肉體世界存在著生和死的差別，那麼，一個人的精神世界肯定也存在著生和死的差別。

在人的精神世界，決定一個人生死的核心力量來自於自我價值感。自我價值感太低的時候，一個人感受到的就是生不如死的恐懼。

人其實是一種沒有自我的生物，我們所有用來武裝的那個「自我」，其實都可以叫做「他我」，因為沒有他，就沒有我。我對我自己的所有感覺，都來自於我們會去揣測自己在別人心目中是一個什麼樣的人。匯總起來，形成一個假想的「自我」。

如果我們覺得自己的自我價值感高，那是因為我們覺得在別人心目中，我是一個有價值的人。因為離開了別人，我們的自我價值感是一個

不會存在，不必要存在的東西。

所以，在一個人的嬰兒早期，媽媽如何看待這個嬰兒，是形成這個嬰兒自我價值感的最早的和最核心的條件。媽媽的眼光如同在嬰兒的心靈世界塗鴉，成型以後，後來的筆劃能夠改變的地方不會太多。

在一個有自戀問題的媽媽那裡，她不可能很好地鏡映出孩子的價值，相反，她要利用孩子來鏡映出自己的價值和自己的能幹。因為她也害怕自己的自我價值感的分值沒有他人做鏡映來提升，因為她的自我價值感降低到一定水準的時候，也是她會恐慌的時候。

所以，媽媽把自己極低的自我價值感投射給了孩子，讓孩子認同了這個部分，這樣，孩子可以繼續依賴媽媽，讓媽媽感覺到自己的強大。然後，媽媽的精神世界仰賴著孩子精神世界的能量而生存下來，但是，孩子的精神世界的能量枯竭和消失了。

這樣長大的孩子，同樣是沒有心理能力區分自己和他人的，他會把每一個站在權威位置上的人投射成那個挑刺的、挑剔的、會貶低和否定自己的媽媽，自己則是一個用很多努力也換不來認可的疲憊的孩子，同時也是一個隨時觀察別人是否給出負評的、戰戰兢兢如履薄冰的孩子。

在早期，撫養者對待孩子的態度是關愛的還是忽略的，對這個孩子來說，是關乎生和死的問題。媽媽對待孩子的態度是關愛的，孩子能夠生存下來的機率就會大得多，不管對於孩子的肉體還是精神，都是一樣的。反之，如果撫養者對待孩子的態度是忽略的，甚至是否定的，那麼，孩子即便肉體上存活下來，精神上也等於是過早地衰竭了。因為孩子會用很多防禦機制去隔離自己真實的感受，那些防禦機制的過度使用，耗竭了一個孩子應該用在正常的心理發展上的能量。

別人的負評為什麼那麼可怕？

媽媽的好評，意味著孩子是被媽媽的愛所包裹的，孩子的生存是安全的，受到保障的。媽媽的負評，意味著孩子是有各種不被認可的缺陷的，甚至是罪惡的，不值得存活的，不被歡迎的存在，孩子體驗到的，就是死亡恐懼。

所以，一個人在公開演講的焦慮裡，清晰地表達著他對自己的隱形評判，清晰地表達著他對於自己是否被人群所喜愛、接納、獲得好評的預期。這個時候，他看到的觀眾根本不是真實的觀眾，很可能就是一個又一個的「挑剔媽媽」所組成的一支充滿了負性評判的團隊。

別人的差評為什麼那麼可怕，因為那會讓他的沒有穩固建立的精神結構遭遇滑鐵盧，跌入萬劫不復之地。

對於一個沒有建立精神結構的人來說，活著，就僅僅是軀體在活著，精神世界是一個空無，有東西填充進去的時候，他會看見自己有一部分存在著；沒有東西填充進去的時候，他會覺得自己存在和不存在是一樣的。

這些年來，她拚命地組裝自己，想看到自己的模樣和影像，雖然已經依稀可辨了，但是離她真實的本相還距離遙遠。

而且，她逐漸發現，自己正在變成自己的媽媽，因為她內在也有一道嚴苛的目光，盯住自己的丈夫和兒子的一舉一動，她對他們的表現總是不滿意，她總是習慣性地給他們負面評價。其實他們在很多地方都非常優秀，但是她看不到這一點，她的嘴巴不帶「子彈」就沒有辦法說話。

被別人的眼光所捕獲的一類人

社交焦慮症患者其實是想做其他人的印象管理大師而失敗的一種人。的確，他們在一個人的面前可能不會那麼緊張，因為他可以控制一

個人對他的印象。但是，在面對許多人的時候，他沒有辦法去控制所有人對他的印象，所以，他陷入一種緊張，甚至恐慌的狀態。因為他面對的是一個關於自我形象的印象管理可能發生的巨大失敗。

一個人為什麼要去控制別人對他的印象呢？而且，只能是好的印象，不能是差的或者壞的印象，他如此在乎別人怎麼看待他或者評價他，意味著什麼呢？

意味著他內在對自己沒有形成一個核心的自我意象，他只能依靠外界的評價來建立自己存在的確定性。

也就是說，這樣的人對於自己在這個人世間的存在是沒有獲得自己的位置的，所以他不得不依賴於外界的評價而活著。

這麼說起來，這應該是這類人的一個存在性悲劇。雖然我們正常的人，也會依賴於外界對我們的評判而影響著自己的心情，但是，我們還在正常的範疇裡去做這件事情；而社交焦慮症患者在這方面是沒有選擇餘地的，他們只能依賴外界的評價而決定自己的存在。

他們自己一個人的時候，說話做事都是自然的。然而，一旦有了外人的關注，他們的行為會立刻變得緊張起來，比如獨自一人寫毛筆字的時候，揮灑自如，但是，一旦有外人旁觀，這個行為立刻變得不一樣了。他的整個心思，都變成了別人眼中的「看」，那個時候，他看自己的「寫」，會轉移到那個人的「眼睛」中，設想他是怎麼看待自己寫出來的東西。

這個時候，他一直處在對自己行為的評價之中，他會設想那個人覺得自己寫得不好，然後感到很緊張，或者那個人覺得自己寫得好，然後他會有自己設想中的小小的興奮。然而，他又會因為自己這樣的尋求被關注而感到尷尬。總之，他心心念念想的，都是那樣一個微弱的自己，

在別人的眼光中會受到怎樣的一種「看」。而別人「看」的結果，卻是決定他們的精神世界「生」和「死」一般沉重的課題。

在這樣的設想中，別人的看，就成為社交焦慮症患者逾越不過去的鴻溝。他們實際上是被別人的眼光所「捕獲」，從而失去自己的人。

別人的眼光，在社交焦慮症患者心中是一種會令其忐忑不安的存在物，因為沒有自我的人不得不過分關注外界對自己是肯定的還是否定的。並且在這個過程中，會出現一系列的自主神經系統的紊亂，比如臉紅、顫抖、口乾、口吃、出汗等。

社交焦慮症的根源，還是害怕別人對自己的負面評價，對自己不滿意，不喜歡自己，不接納自己。所以，從根本上說，還是對自己存在的一種質疑。

▌諮商心理師的建議▐

有一天，在去聽別人的演講的時候，她發現自己也隨時處於評判之中。那個演講者在有限的時間裡是向她傳遞盡可能多的有效資訊，還是一個勁兒地說些她早已經知道的資訊？如果是前者，她會覺得這個演講是值得花這個時間和金錢來聽的；如果是後者，她會覺得自己又做了一個愚蠢的決定，把時間和金錢浪費在這樣的人身上……

有了這個發現以後，她流淚了，她看到自己內心住著的那個「魔鬼」，這個魔鬼是如此的冷酷無情，隨時跳出來指責人，褒貶人，那些被她評判的演講者，該是多麼的無辜……

她是這樣對待別人的演講，難怪她會設想別人要怎樣去對待她的演講。

有了這樣的發現，她對待別人的一切開始變得溫和起來，她學著去

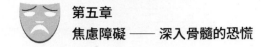
接受別人的一切，好的，不那麼好的，她都接受。她學會溫和而不是那
麼尖銳地去對待別人。慢慢地，她不再懼怕公開演講了⋯⋯

　　當我們對待世界的態度溫和下來的時候，世界對待我們也就溫和下
來了。

第六章

兒童心理障礙 —— 這孩子怎麼了？

兒童情緒障礙：如果你們敢生二胎……

梅梅，女，10 歲，國小四年級學生

梅梅在幾個月前出現不想吃東西，入睡困難，甚至整夜都無法入睡的情況，白天一直呵欠不斷，但是還能夠堅持讀書和生活。

漸漸地，梅梅開始出現持續頭暈，無噁心的嘔吐、眩暈等症狀，讀書的時候比較明顯，說自己不能用腦。但是，飲食和睡眠開始恢復正常。

在此期間，梅梅的情緒容易變得煩躁，她經常跟媽媽提出一些要求，比如買雞爪凍給她吃，如果媽媽沒有記得的話，梅梅就會對媽媽發脾氣。

後來媽媽讓梅梅在家裡休息，在家的時候，梅梅喜歡看電視和玩手機，這種時候，梅梅就會很高興，也不會出現頭暈。但是，如果媽媽問梅梅，梅梅還是會說自己身體哪裡哪裡不舒服，所以媽媽把梅梅帶到醫院裡，頭部核磁共振檢查、腦電圖、頸椎 X 光片等等，該做的檢查都做了，並沒有查出任何異常。後來，醫生建議到醫院的身心科看看。

身心門診診斷是「兒童情緒障礙」，給予左洛復每日 25 ～ 50mg，梅梅的頭暈先是有所緩解，隨後卻加重，伴反覆全身無力，嚴重的時候，連走路都需要人攙扶。

一個多月前，梅梅告訴媽媽自己在一個人看電視的時候暈倒過一次，後來每天都會暈倒一次，暈倒下去的時候沒有跌傷，大小便也出現失禁的現象，但是父母沒有觀察到。

後來，父母帶梅梅到身心科繼續檢查，梅梅當天反覆暈倒 10 多次，每次暈倒都是雙眼緊閉、全身發軟、強直痙攣、面容失色、二便失禁等現象，周圍人叫她也沒有反應，每次持續幾分鐘，有時候持續 10 多分鐘，然後自己就好了。恢復以後，梅梅記不起剛才發生了什麼。

住院治療以後，左洛復的用量增加，但是梅梅的症狀並沒有消失，6 天前，在發作的時候還會吐口水。4 天前，發作後抱著自己的頭一直搖動，口裡說著「不要」、「不要」，然後說自己頭暈得很，隨後就真的暈過去了，和之前暈過去的表現一模一樣，每天都會出現 5 次左右。

沒有發作的時候，梅梅仍然反覆訴說頭暈、全身無力，嚴重的時候仍然無法走路。躺在醫院床上的時候，情緒還是平穩的，喜歡玩手機遊戲和看電視。

解析

梅梅的媽媽當年學測的時候，差一點點沒考上自己心儀的國立大學，因為家庭條件不好，無法讓她讀私立大學或者重考，所以就把自己的希望和要求寄託在梅梅身上。梅梅一旦在課業上達不到媽媽的要求，媽媽就會罵梅梅。

媽媽每天會花許多時間來管理梅梅的功課。上學期梅梅考了全班第 2 名，媽媽認為是自己認真監督管理的結果，所以就更加嚴格地督促梅梅的功課。每天放學回家，媽媽都盯著梅梅讀書的情況。梅梅一旦有要出去玩耍或者看電視的想法，媽媽就會說，妳先把今天上課的內容全部

複習完再出去。梅梅就很委屈地說，等我複習完了，大家都睡覺了，我找誰玩啊？媽媽說，我不管，妳必須複習完才能出去。梅梅委屈地回到書桌前，但是卻非常拖拉，一會兒找擦子，一會兒削鉛筆，總之，她會想出許多辦法來拖延讀書的進度。一個國小四年級的學生，作業時常要拖到晚上 12 點才能完成。

媽媽白天也要上班，所以對梅梅這樣的狀況很不耐煩，母女倆時常為了讀書的事情鬧不愉快。媽媽一開始都是忍耐，忍耐不住的時候就對梅梅發脾氣。

這學期的期中考試，梅梅的成績退步很多，梅梅不敢回家，不敢把成績單拿給媽媽看。後來媽媽問起，梅梅就偷偷竄改了成績單上的數字，結果被媽媽發現了，媽媽罵說：妳還敢欺騙我，生妳有什麼用啊？妳這個樣子，也看不出會有什麼出息，妳今後是想和我一樣，去端盤子嗎？

梅梅默默地聽媽媽罵自己，流下了難過的淚水。

平時在學校，和同學相處，梅梅非常敏感，很在意別人對自己的看法。如果某天某個同學對她說話的聲音大了一點，她就會感到不安，感到那個同學可能是不喜歡她了，不願意再和她一起玩耍了。

這個學期，她唯一的好朋友轉學走了，她一直都很難過，她不想去認識新的朋友，覺得那是一件不容易的事情。當然，時間久了以後，她還是有了新的朋友。

梅梅原本是父母唯一的孩子，後來父母準備再要一個孩子，梅梅知道以後，堅決不同意。

梅梅的症狀，是在得知父母要二胎的決定以後才頻繁發作的。

我想，梅梅和父母雖然關係緊密，但是，他們之間的感情卻是不安

全型的依戀。在這樣的關係之中，梅梅隨時都會感覺到父母對自己的愛可能會收回去，所以，她是忐忑不安的，如果父母再生弟弟妹妹的話，那這個家庭裡，豈不更是沒有她存在的位置了嗎？

父母想要二胎，應該要先和大的孩子商量一下，問問老大是怎麼想的。因為家裡多出來一個新的成員，看起來是父母的事情，但是，對於先來到這個家庭裡的老大，那可是和他生死攸關的一件事情。

為什麼是生死攸關的事情呢？因為父母的愛是一種資源，而且很可能是一種稀缺的資源，有了老二，就會把原先給老大的愛分一半出去。

對於那些得到了父母真正的愛的孩子來說，父母生二胎甚至三胎都沒有問題，因為他相信父母還是會和從前一樣愛他。但是，對於在父母那裡感覺不到真正被歡迎和被接納的孩子來說，就是一個巨大的問題。

在這類孩子的心中，父母的愛本身就是匱乏的，甚至有些時候是可能會被收回的。那麼，二胎孩子的出生把孩子僅有的被愛的機會給奪走了，這就是孩子擔憂的來源。

我一個朋友在美國生孩子，美國的婦產科醫師對她說，妳如果要生二胎的話，一定要等老大滿了 3 歲以後，再要第二個孩子。

那個美國醫生為什麼會這麼說呢？因為，在孩子 3 歲以前，是需要得到父母全部的愛，才能健康成長的。孩子的成長分成身體成長和心理成長兩部分，而父母的愛，尤其是無條件的愛和具有唯一性質的愛，是孩子心理成長的精神食糧。孩子只有感受到了這種愛，他的心靈才能得到營養和滋養，從而讓身心靈都得到健康成長。

如果孩子在 3 歲以前，得到父母這種愛，他對於自己是值得被愛的這樣一個事實，是不會輕易地去懷疑的。那麼，3 歲以後，父母再生第二個孩子，他就不會輕易地去懷疑。

　　但是，對那些沒有機會得到父母無條件的愛的孩子來說，父母在任何時候生二胎，對他都是一種威脅，因為他對於自己是否能夠得到父母足夠的愛，一直持一種根本性的懷疑。父母有了第二個孩子，會不會就更加否定他對於父母存在的重要性？所以，單是對二胎的想像，就可以構成對這個孩子的巨大威脅。

　　因此，梅梅的一系列症狀呈現出她對於被愛的焦慮。

　　其實，梅梅的父母是很寵愛梅梅的，他們很少讓她做家事，梅梅提出的物質上的要求，父母幾乎是有求必應。但是，這樣的一種愛並不是真的在愛孩子，孩子感受到的依然是不安全感和對愛的質疑。

　　為什麼呢？因為媽媽對梅梅是有要求的，這個要求就是梅梅在課業上要聽媽媽的話，服從媽媽對她課業上的安排和監督。如果梅梅不服從的話，媽媽就會罵梅梅。梅梅在被罵的時候，其實感覺到的是自己的某一個部分不被媽媽所接受或者說是不被愛，孩子的內心會因此而產生不安，從而變得過分在意別人對自己的評價，過分敏感。

　　在心理諮商的過程中，我如果聽到哪個患者用敏感這樣的詞彙來形容自己的時候，我就知道，這樣性格的人很容易罹患心理疾病。

　　敏感的意思就是，我不確信自己是否是被接納的，所以我過分在意外界的眼光以及評價，從而調整我的行為，以迎合外界。但是，這樣的迎合是不會持久的，個體會因為感到喪失自我而出現另外的反抗。在本個案中，梅梅反抗的形式就是寫作業時的拖延症。

　　但是，服從是一種困境，反抗同樣是一種困境，因為反抗會導致父母更加頻繁地罵孩子，不喜歡這個孩子。所以，面臨這樣的存在困境的孩子，最終只能以症狀來表達自己內心的無助。

梅梅和同學相處，還有一個奇怪的原則，別人請她吃零食，花了五十塊錢，她回請別人的時候，一般是一百元或者更多。但是，如果別人沒有按照她的方式回請她，她就會很生氣，不再和那個人往來。

這段話，反映的是梅梅已經顯現出的比較偏執的性格。說起偏執，我又想起梅梅的媽媽曾經對我說過的，「只要我下定決心管理梅梅的功課，我就不相信我管理不好」。這句話裡面，梅梅的媽媽透露著太多的自信，自信本來沒有什麼不好，但是，一個人太相信自己只要努力就一定能夠做出一件成功的事情來，那往往意味著偏執。

偏執也沒有什麼不好，這個世界上，能做出大事的人，往往都是帶著點偏執的性格。但是，在普通人身上，你偏執了，就很容易出現心理問題。

因為偏執就意味著無法靈活地對待自己的欲望，偏執就意味著焦慮，事情只能按照一種模式去實行，如果改變，就會引起當事人巨大的不安。為了對抗這種不安，他可能會扭曲自己的心理或者去傷害別人。

▌兒童焦慮症的原因▐

糟糕的家庭環境和父母錯誤的教育方式是兒童焦慮症產生的主要原因。

✎ 父母對孩子的要求過於苛刻，不管孩子做什麼，總是無法讓父母感到滿意。父母對孩子提出了過高的要求，總是希望孩子可以做得更好。父母的期望和催促會讓孩子感受到巨大的壓力，因此出現焦慮症狀。

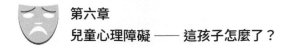
✎ 孩子頻繁遭到父母的嚴厲懲罰。在這種教育方式下，一旦孩子無法達到父母的要求，就會對即將降臨到自己身上的懲罰感到恐懼和焦慮。不過，如果父母過於溺愛和放縱孩子，也可能形成兒童焦慮症。由於缺乏約束，孩子搞不清楚自己行為的邊界在哪裡，父母對孩子沒有提出要求，孩子自己也不知道該怎樣去做，從而導致焦慮反應。

✎ 孩子成了父母或其中一方的傾訴對象，父母把自身的煩惱、家庭的問題都告訴孩子。對於這些問題，一個孩子是無法理解和接受的，因此出現焦慮反應。

✎ 父母本身患有焦慮症，也會傳染給孩子。例如父母對外界的危險產生了過高的估計，所以經常提醒、告誡孩子，給孩子設定很多禁區，從而導致孩子生活在焦慮不安的狀態中。

▌諮商心理師的建議▐

✎ 家長要對孩子表達出自己不變的愛。比如：梅梅，不管妳成績怎樣，我們對妳的愛都是不會改變的……家長在說這些話的時候，一定要是在自己的認知有了真正轉變的前提下說的，孩子才會相信，而且，在後續和孩子的互動中，家長要做到心口一致，孩子才能相信自己在父母這裡所能夠獲得的愛是有保障和安全的。

✎ 不能溺愛孩子，這樣容易形成孩子的自我中心性格。

✎ 要學會接受一件事情本來就是有許多可能性的。

✎ 你怎麼想，並不意味著別人也會那麼想。

兒童行為障礙：一個喜歡「打架」的小女孩

夏雲涵，女，12歲，小學六年級

　　一個小學女生，長得非常可愛、乖巧、瘦弱，看起來很文靜，並不是那種有蠻力的女生，因為不喜歡吃飯，所以力氣很小。但是，她時常會伸出手去，要麼抓別的女生的辮子，要麼很開心地對別的女生說：來嘛，來嘛，我們來打一架嘛⋯⋯

　　所以，和別的孩子不斷打架的場景，幾乎伴隨著這個孩子國小階段的大部分時光。

　　有時候是在打掃時間的時候，她和別人的掃帚就槓上了；有時候是在放學路上，她的小手就會去招惹別人，然後又發生打鬥。

　　每一次打架，其實都是她吃虧，因為她的力氣很小，幾乎打不過任何人，但是，她沒有辦法管束住自己的雙手，她就是要去招惹別的小朋友。但她又不是真打，因為她發出去的那些動作，都不是用力要去傷害對方的，她就是希望對方和她玩。但是人家不喜歡這樣被她「撩撥」，所以對她用這種特殊的方式發出的「邀請」很厭惡。

　　有一次，她惹到了一個男生，然後，下午從家裡出來，在上學必經的一條小路上，那個男生約了另外幾個男生，把她包圍在一個圈子裡，

他們準備一起來打她，她嚇得臉色都發白了。這個時候，一個路過的男同學，對那幾個男生說，你們這麼多男的，合起來欺負一個小女生有意思嗎？那幾個男生聽了他的話，默默地散了……

他們班男女同學的分界線是很清楚的，男生和女生從來不敢玩在一起，平時，她甚至都不記得有這個同學的存在。但是，這件事情以後，她一直記得那個男同學，她偶爾還會去找他說話。

他拯救了她，她記住了他。但是她對於教訓卻是缺乏記憶的，沒過多久，她照樣因為在前面同學的白襯衫上畫畫，被老師叫起來，站在教室的最前面。她低著頭，感覺到無比的羞愧和恥辱。她不想這樣，她其實是個臉皮非常薄的人，為什麼會做這樣的事情？為什麼會這樣站在講臺上，面對著全班同學低著頭呢？那個時刻，一分鐘如同一個小時，她恨不得地上能有個洞，自己鑽進去就好了。

那是三年級的事情了，當時站在講臺上穿的什麼衣服，後來一直保存在她的記憶之中。那天她穿的是一件白色的蕾絲襯衫和藍色的燈芯絨的背心，是爸爸去國外出差的時候買回來的，同學們都覺得她這套衣服很漂亮，經常有人問她是從什麼地方買的。

從二年級開始，她就不斷地體驗到被孤立的滋味。下課時間，跳繩、丟沙包，不管什麼活動，大家都不讓她參與進來，她一個人孤獨地看著同學們玩，心裡難過得直想哭。

她其實是非常喜歡和大家一起玩的，她非常喜歡交朋友，她會把家裡的蘋果、梨子，還有好多自己捨不得吃的零食，都帶去學校分給同學們吃。這種行為在一段時間內是有效的，只是過不了多久，她喜歡打人的舉動又會再一次讓她遭遇孤立。

　　她小時候的五官是非常漂亮的，因為媽媽是舞蹈老師，所以她也很會跳舞。但是，班上舉辦藝文活動，每一次都沒有她的份，因為同學們都不願意和她一起排練舞蹈。曾經有一次，老師堅持讓她上了，在排練過程中，她一興奮，又用力地握著別人的手跳，把那個同學的手握痛了，那個同學哭著跑開了，老師也把她放棄了……每一次看著同學們排練，而她卻只能提前回家，她的臉色和心情都很黯淡，覺得自己是不受所有人喜歡的。

　　而她爸媽顯然對她缺乏相關的教育，他們也不明白自己的孩子為什麼在學校沒有朋友。

　　每一學期的評語上，老師都寫著：課業成績優異，但是，不團結同學，和同學「打」成一片。

　　到四年級以後，她不再去招惹同學了，她成了一個無比沉默的孩子，躲在教室裡，下課也不出去，因為別人都拒絕和她一起玩。體育課成為她最害怕的課程，因為那些需要團隊合作共同完成的項目，都沒有人願意和她一組，她成了一個不被人喜歡的孩子。

　　她的個性逐漸變得敏感多疑起來，包括家裡親戚的孩子，她也總是擔心別人不喜歡自己。她已經不再打人了，她把她的熱情和「鋒芒」全部收斂起來，寒暑假和他們在一起玩的時候，她說話做事開始變得過分的小心翼翼。但是她又很喜歡和同學們一起玩，她漸漸地知道自己要收回對別人的熱情，因為她知道，熱情之後面臨的很可能是將友誼的小船弄翻後掉下水去的尷尬。

　　曾經無比開朗活潑外向的她，到國小高年級以後，完全變了一個人。

▌解析▌

雲涵父母的感情很不好，時常打架和吵架。

她媽媽說話攻擊性很強，時常貶低雲涵的爸爸。爸爸其實是一個很懦弱的男人，平時對妻子累積了太多的憤怒不能發洩，一旦喝了酒，藉著酒勁，就會和媽媽吵架。每次吵架的時候，媽媽是絕不服軟的，看到爸爸已經在喝酒了，也不知道閉嘴，而且，她似乎本能地知道，自己說哪一句話會刺痛丈夫脆弱的自尊心，自己說哪一句話會讓丈夫忍無可忍地動手。所以，媽媽就會被爸爸打得鼻青臉腫的。

每一次被打之後，媽媽就會回娘家去休養一段時間，把雲涵丟給爸爸撫養。

媽媽知道自己這樣做的後果是什麼。媽媽雖然有工作，但是媽媽的工作很清閒，而且時間比較彈性；而爸爸的工作很忙，沒有多少時間做家事，所以在平時，家事都是媽媽在做。媽媽每次回娘家，雲涵的爸爸就會感到生活亂套了，時間久了，他就會受不了，然後又低聲下氣地去岳父岳母家，把自己的妻子求回來。

這樣的互動模式在他們結婚以後不久就形成了，一直在重複。

雲涵平時和媽媽感情很好，因為都是媽媽在照顧她的生活，而且照顧得非常仔細。但是，媽媽周而復始地突然離開，每一次都讓雲涵感到很恐慌，她不明白大人們打架的後果為什麼這樣嚴重，媽媽轉瞬就如同變了一個人，把她說丟下就丟下了。外公外婆家又很遠，她一個小學生沒辦法獨自去找媽媽。

雲涵的爸爸反映了一個情況，就是在雲涵 3 歲以前，他們夫妻發生了矛盾的時候，孩子媽媽是不會回娘家的，而是在家裡生悶氣，什麼事情都不做，不理睬丈夫，也不理睬女兒，尤其是在雲涵 2 歲多時的那一

次。現在看來，媽媽那個時候應該是得了憂鬱症，有整整一個月沒有理睬丈夫和女兒，對什麼事情都沒有興趣，就連女兒的日常生活，媽媽都不再照顧了。

我似乎能夠明白為什麼雲涵那麼喜歡「打人」了。

孩子的症狀都是語言，只不過，這個語言是需要翻譯的。

雲涵每一次做出打人的那個動作的時候，其實都是在說，你來陪我玩啊，你來陪我嘛，你不要不理睬我。因為小孩子的表達能力和表達方式有限，她就無法用別的方式來表達自己想和他人產生互動的心願。

那麼，為什麼不是直接對別人用語言來表達這種心願呢？我想，2歲多的雲涵一定試著用盡了所有的方法，希望媽媽高興起來，希望媽媽和自己說話，陪自己玩。但是，每一次的努力都失敗之後，她選擇了一個可以直接和別人產生連結的方式，因為用打架這樣的方式，別人不可能不回應她。

她每一次打架都是花拳繡腿，她沒有真正傷人的意圖，她只是希望喚起那個人對她的回應。

爸爸和媽媽發生互動的方式是打架，年幼的孩子也可能內化這樣的方式，覺得人和人的互動就應該是這種方式，或者只能是這種方式。

還有，媽媽是這個家庭的掌控者，爸爸其實是弱者，孩子有可能認同的是爸爸的行為模式。因為在一個家庭之中，孩子通常會向弱者認同。

還有，媽媽那麼喜歡攻擊爸爸，也有可能在自己心情不好的時候攻擊孩子，孩子會用打架這種攻擊人的方式和人發生連接，很可能是因為感覺到了被媽媽攻擊。所以，孩子也需要把這樣一種被攻擊的能量轉化出去。

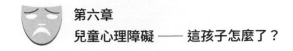
當然，任何一種症狀絕不是線性的因果這麼簡單的，症狀更多的是非線性的眾多因素造成的。

孩子為什麼喜歡打人？

◆ 孩子的撫養者喜歡攻擊這個孩子

攻擊的方式有可能是打，有可能是罵，還可能是方式不合理的「教育」或者過度「教育」，而這種「教育」讓孩子體驗到了低自尊，體驗到了自己不可愛以及自己存在的某方面被攻擊。被人攻擊，是一種讓人很不舒服的體驗，這種不舒服的體驗就是一種情緒，所有的情緒都是一種能量，這種能量是不會自行消散的，總是要尋求表達的，孩子表達自己情緒的方式傾向於簡單直接，付諸行動就是孩子常常會選擇的方式。孩子打人，也許是一種信號，這個孩子可能有他自己無法化解的某種情緒。

還有一種情況，父母喜歡用權威來對待孩子，孩子感覺到自己總是不被理解，也容易產生攻擊行為。

◆ 尋求注意

如果一個孩子在打人以後才能引起他人的注意，孩子的這種行為就會得到強化，也有可能這個孩子的撫養者對他的真正有效的關心是比較少的。

◆ 對外界訊息的錯誤解讀

一個內心缺乏安全感的孩子，容易把別人普通的言行解讀為是對自己有敵意的，在這樣的情況下，他傾向於先去攻擊別人。

◆ 孩子傾向於用行動來表達自己的憤怒情緒

孩子本身語言表達系統的不完善，導致他們在遭遇挫折或者其他激烈情緒的時候，傾向於用打人的方式來表達自己的情緒。

◆ 對挫折的耐受性不高

有一些孩子，自己有了什麼需求，就必須立刻滿足，他們無法承受延遲滿足（delayed gratification）。在立即滿足（instant gratification）得不到的時候，孩子感受到的是自己被這個世界拒絕了，為了對抗被拒絕的不爽，孩子就可能直接動手。

◆ 捍衛自己的全能感

全能感（omnipotence）對於一個孩子正常心理的形成，有著很關鍵的作用。幾歲的孩子身上還帶著嬰幼兒時期的全能感，當他們體驗到自己的願望被拒絕的時候，彷彿他們的全能感也受到了置疑和挑戰，所以，為了捍衛自己的全能感，孩子動手了。可能在孩子的心目中，動手就可以解決一切問題。孩子在這個過程中，可以體驗到自己為了達成自己想要的目標，可以透過動手這樣的行動來宣告自己的某種「力量」。

◆ 缺乏對挨打孩子感受的體驗

兒童還處在自我中心的階段，他無法了解被打的孩子是怎樣的感受。

▌諮商心理師的建議 ▌

✎ 要讓孩子學會正確地和人「打招呼」的方式。

✎ 讓孩子學會控制自己的衝動行為。

✎ 父母要做好榜樣。如果父母喜歡用拳頭來解決問題，那麼，孩子很容易認同父母解決問題的方式，並且會模仿這種方式。

✎ 父母要讓孩子體會到挨打是一種什麼樣的滋味和感受，並且教育孩子，有什麼需要可以用語言表達出來，而不是用拳頭。

對立反抗症：我的名字叫「阿不」

田頤，女，12 歲，國小六年級學生

她在很小的時候就表現出與父母的對立和違抗的言行。

5 歲的時候，冬天很冷的天氣，媽媽讓她穿上羽絨外套，但是她堅決只穿上一件毛衣就要出門，如果媽媽再堅持的話，她就會在地上打滾，媽媽通常只能順從她。

她的敵對情緒大部分是針對媽媽的，但是倔強起來的時候，對爸爸也是一樣。

媽媽對她的話語裡，凡是帶有指令性質的，她一律是反對和不服從。比如：媽媽說：「麵煮好了，妳快點出來吃哦。」這是一句很普通的話，話裡面並沒有明顯的指令性質，媽媽只是告訴田頤一個事實。但是，因為媽媽說了「快點」兩個字，就會被田頤理解為媽媽是在催促她，她會馬上生氣，然後說「我不吃了」。

所以後來，媽媽每次在叫田頤做什麼事情的時候，都是小心翼翼地選擇好措辭來說。

在課堂上，田頤總是忍不住要和同學講話，擾亂課堂秩序，老師時常通知家長到學校來談這個問題。媽媽每次到學校，都對老師低眉順眼

地道歉並保證回去教育孩子，但是，這樣的教育每次都是失敗的，田頤去了學校，依然會講話。

12歲的時候，田頤就堅決不再背書包回家，每天的作業能在下課時間完成的就在下課時完成了；無法在下課完成的，就不去做，就讓老師罵，讓老師找家長。

媽媽該對她說的話都說了許多遍了，一個學生，怎麼可能不背書包回家呢？妳總得複習一下今天的功課吧，妳總得預習一下明天的書吧！但是沒有用，她用不背書包回家來表示自己對媽媽的話無動於衷。

如果媽媽建議她讀一本什麼書的話，她通常是不會去讀那本書的。媽媽只能搖頭。

有一年暑假，爸爸媽媽答應帶她去某一個地方玩，但是因為連日下雨，爸爸就說晚幾天出發，看看天氣再說。田頤二話不說，自己一個人收拾起行李出發了，媽媽急得不行，和爸爸大吵一架之後，就準備出發去找女兒。但是媽媽很快就接到女兒的消息，她和一群大人一起遊玩，那群大人把她照顧得很好，那群大人裡面有媽媽的同事……

田頤雖然和爸爸媽媽的意志對立，但是，她在情感上和爸爸媽媽又很「黏著」。

從她很小的時候，媽媽就帶著她去參加同學聚會之類的活動。在活動過程中，媽媽和別的同學聊天很起勁的時候，田頤總是會去做一些事情來干擾媽媽和同學忘我的聊天，比如她會去做一些危險的舉動，然後把媽媽嚇一跳，媽媽就趕緊終止和同學的聊天，來照顧田頤。

田頤似乎很需要媽媽隨時都注意到她，她怕媽媽被同學們分心分「走」了。

田頤最喜歡的人是爸爸，她很喜歡和爸爸待在一起的時間。在她12

歲這一年，爸爸被公司臨時調到外地工作了幾個月，寒假時，媽媽帶著田頤去爸爸工作的地方玩。爸爸的一個同事每天都會來爸爸住的地方向爸爸請教一些技術上的事情，順便也閒聊一會兒才會離開。田頤就覺得，自己好不容易有和爸爸待在一起的時間，你還每天都來占用這個時間，後來，她在得知那個叔叔的住處後，就去找了一些汙泥，抹在那個叔叔家門旁邊潔白的牆面上。

日常生活中，她非常容易被激怒，有一次在游泳池旁邊，某個小朋友惹到她了，她立刻把那個小朋友推下水去了。

她一般情況下是不會主動去招惹誰的，但是，一旦哪個人惹到她，她會立刻還擊對方。所以，媽媽從來不擔心她會被人欺負。

田頤還有嚴重的拖延症，一件必須要做的事情，她怎麼也不想去做，要一直到這個事情的最後期限了，她才會熬夜來做。但是，在之前拖著不做的過程中，她其實是無比焦慮的。

別人對她說的話，她貌似在聽，也回應對方表示自己聽到了，但是從後來她對那件事情的理解或者是執行上來看，剛才別人對她說的話，她其實是沒有聽到的。不知道她對於別人的話是選擇性失聰呢，還是可以做到迅速遺忘？

▌解析▌

田頤的媽媽的婚姻情感出現過問題，後來她去考了一個心理學碩士，畢業以後，一直在從事和心理教育有關的工作。由於她的工作涉及大量的兒童心理學知識，所以她後來又去攻讀這方面的課程。

說起女兒小時候的一些異常表現以及自己和女兒小時候的互動裡的一些細節，田頤的媽媽無數次在諮商室裡哭泣。我們先來看看田頤媽媽的自述：

有一件事，是我覺得這一輩子都無法原諒我自己的事情。那一次，是我們公司幾個女同事來我家打麻將，小頤睡在隔壁的房間裡，她爸爸在公司加班。我們玩著麻將的時候，小頤醒了，開始哭了起來，我過來抱起小頤，試圖把她再次哄入睡，我剛回到隔壁房間，小頤又哭了起來。因為在和她們玩麻將的時候，某個人要賴，該給的錢拖著要等下次給，想到我進入這間公司後受到的諸多不公平的對待，在小頤沒完沒了的哭聲中我爆發了。這個時候，我轉身再次回到小頤的臥室，把我在公司受到的所有委屈，通通發洩給只有1歲多的女兒。我用不小的力氣來捏她的臉，希望她可以停止她那不依不饒的哭聲，最終，孩子不哭了。但是，1歲多的孩子再次轉過頭來看我的眼神裡，竟然有了不認識我的陌生感……

後來，每次回想起這件事情的時候，我都恨不得把自己的手剁了，我並非不愛自己的孩子，虎毒不食子啊！我的心理究竟有多脆弱，需要透過一個孩子去表達我人際世界的不如意，我是一個媽媽嗎？我是小頤的媽媽嗎？我究竟是一個什麼樣的人？在那一刻，這些問題讓我感到非常迷惘。

在小頤小的時候，我不懂心理學，我去買了許多家庭教育的書籍來看。但是，如果一個媽媽自己的人格不健全，看了那些書，反而會對孩子造成更大的傷害。

大部分時候，我對她是非常溺愛的。但是，在日常生活中的一些細節裡，現在才知道，應該是對孩子造成了許多傷害的。

我是一個性急的人，現在會明白：性急的媽媽對她的孩子來說，真的是一個災難。在她做許多事情的時候，我都會去催促她，慢慢地，我感覺到孩子對我的對抗，她會故意拖延做一件事情的速度，她有本事讓

我在一個時間點上崩潰，比如我們同學約我吃飯，本來該什麼時候出門的，但是，等她把自己收拾好，是一個漫長的過程。之前我會試著提醒她，要出門了，妳快點！但是，等到她怎麼都把自己收拾不好的時候，我就會急，我說話的語氣就沒有那麼耐心了。所以，通常的結果是，女兒剛剛收拾到一半，就因為和我的對話起衝突，然後她賭氣不去了。她其實挺喜歡和我那幾個閨密的孩子一起玩的，我也很想在週末帶她出去吃好的，玩好的，但是，很多時候都會因為這樣的衝突，把一個愉快的週末破壞掉了。然後，我一個人悶悶不樂地出門了。

她在上廁所的時候，常常忘記關燈，每次我都讓她回來自己關燈，我覺得懲罰教育可以讓她長記性。但是，我發現其實她是不會長記性的。

她3歲的某一天，我帶著她去逛超市，結完帳，出來以後都走了一條街了，我才發現她手上拿著一條口香糖，準確地說，是她偷的。我當時就立刻帶著她返回超市，當著所有超市員工的面，重新給她的口香糖結了一次帳。

當下那麼做的時候，我不覺得我有任何過錯，我還為自己教育女兒的方式感到很自豪。後來了解了兒童心理學之後，我才明白那樣做對女兒的傷害有多麼大。

在3歲孩子的心中，其實還沒有形成某個東西的歸屬權的概念，也就是說，在她心目中，超市的東西和我家的東西並沒有一個必然的區分，當然也更沒有「偷」這樣的概念。而我絲毫不懂兒童的心理，我認為孩子犯了一個很大的錯，如果不及時教育，「細漢偷挽匏，大漢偷牽牛」，這樣嚴重的後果還得了嗎？

我當時是氣急敗壞地拉著孩子的手回到超市的，現在想來，3歲的女兒一定被我嚇到了吧！當著那麼多的超市員工，我讓女兒向他們道歉，

說：「我錯了。」這個行為對女兒的自尊心的傷害究竟有多大呢？現在想想，我只能掩面而泣了。

她9歲的某一天，被我發現拿了我錢包裡的200元，和她的好朋友一起上街去吃肯德基了。她回來以後，我故意問她今天去哪裡了，因為在她回來以前，我早把她的行程摸清了，那個和她一起去的小朋友先回家了，我直接過去問的。所以，我就等著這個孩子撒謊了。

果然，孩子胡亂編出了她的行程，然後，我拿出一個又一個的證據，包括她是怎麼偷拿我錢包裡的錢，我是怎麼發現我錢包裡的錢少了的，以及他們什麼時間到的肯德基⋯⋯我說話的時候很得意。

隨後，我開始嚴屬地斥責我的孩子，我把我們家的家規都搬出來了。我說，我們家的歷史上，從來沒有出現過偷東西的人，妳這麼做，怎麼對得起我們這樣的清白人家？妳到底是個什麼德行？妳讓我為妳感到丟臉，我和妳爸爸，兩個家族的人都不會做這樣的事情⋯⋯

她爸爸在旁邊，聽到我說的話都流淚了，女兒更是深深地把頭低了下去。

後來，更嚴重的是，我甚至讓女兒向我們夫妻下跪，讓她對她的錯誤寫一個深刻的檢討和保證書。

當時的我在做這些事情的時候，覺得自己是正確無比的，那種正確感甚至讓我自己都很感動。

而到今天，孩子出現一系列的心理問題的時候，再回過頭去看，我覺得自己就是一個「僵屍」，一個「僵化」在教育理念背後，完全缺乏對孩子感受共情的媽媽。

其實，很多小孩子在小的時候，都有過拿大人錢的經歷。而且，孩子發生拿錢事情之前，曾經提出過幾次，讓我帶她去吃肯德基。但是，

因為我覺得孩子吃肯德基不好，所以我總是拒絕帶她去吃，而小孩子可能就是喜歡吃那種東西吧！所以，在其他小朋友的慫恿下，孩子被美食所誘惑，既然媽媽不帶我去吃，那我只好偷偷地拿媽媽的錢出去吃了。

當時，我沒有去問孩子為什麼要拿我的錢，我只是覺得，逮著孩子犯錯的機會，義正詞嚴地教育她很「爽」。現在，我為自己利用孩子來獲得這樣的感受感到很羞愧。

所以這個孩子一直不喜歡我，喜歡她的爸爸。我和孩子在一起的時候，很多時候我都喜歡唱歌，每一次我唱歌，孩子都很反感，要制止我唱歌。其實，我唱歌是很好聽的，所以我不明白孩子為什麼會硬生生地打斷我的歌聲。有時候，我是在跟她一起逛街的時候唱歌，但是我的音量很小，只有我和孩子能聽到，即便是這樣，孩子也不允許我唱歌。孩子表情很誇張地皺著眉頭說：「妳不要唱歌了嘛，我不想聽。」每次被孩子打斷唱歌，我很不舒服，因為大部分的時候，我和孩子爸爸的感情總是容易出現問題，我的心情其實經常都不好，只有和孩子單獨出去的時候，我才會感覺比較放鬆，才想唱歌。而這樣的時光，都會被孩子打斷。

所以我只得對孩子說一些我在婚姻裡的痛苦，以及好不容易有點心情唱歌，希望孩子以後不要這樣粗暴地打斷我的歌聲，孩子聽得很驚愕。但是下一次，孩子依然無法忍受我在她面前唱歌。

她對我的不共情，正如同我也很少能理解她，是一樣的。

一天下午，12 歲的女兒和我一起在家裡看一本漫畫書。

「妳看，這個色彩的表現力很奇特……」我試圖以我對漫畫的理解引導她。誰知道話剛一出口，就遭到她的反駁：「不用妳說，我自己有眼睛。」

這個孩子怎麼可以這樣頂撞我！當時的我感覺自己的面子有些掛不

住，想到她爸爸在那一段時間離開我，我一個人帶著這個孩子的辛酸，就覺得孩子太不尊重自己，再怎麼說，我也是媽媽啊！孩子怎麼能以這樣的態度和我說話？

接下來我開始發洩，述說我帶她的艱辛，說到委屈處，眼淚也掉了下來。我母親曾經因為我的叛逆而對我述說她養育我的不容易，雖然母親的訴說給我帶來了很大的心理壓力，但我在不知不覺中，又用同樣的態度來對待我的孩子。

孩子在驚愕中聽完我的述說，表情裡面仍然有我不能理解的東西。

很多年以後，看到德國的心理治療家海靈格（Bert Hellinger）的作品《誰在我家》（*Family Constellation*）裡面有這樣一段話：

「一個小孩走進一座院子裡，眼前生機勃勃的景象讓他驚詫不已。母親說：『你看，那多美啊！』這時，小孩的注意力必定集中在媽媽的話上，看和聽就被阻斷了，他和客觀事物之間的直接接觸被價值判斷取代了。孩子不再相信自己對事物本質陶醉的體驗，而是必須遵從外在的權威，由對方來定義什麼是美，什麼是好。」

當我看完這段話之後，我對於我自己是一個什麼樣的人，感到更加迷惑。內疚、自責有什麼用？如果一切可以重來，孩子，你可以再給媽媽一次機會嗎？

傷害已經鑄成，孩子的人格已經基本成型，希望這個孩子如同我一樣，還能夠有許多其他的機會，來彌補自己成長中的創傷吧……

▋兒童對立反抗的實質是什麼？▋

先看看兒童的對立反抗症（oppositional defiant disorder, ODD）的診斷標準：

223

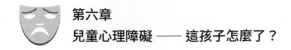

ICD-10 和 DSM-IV 關於對立反抗症的診斷標準基本一致，目前臨床上一般使用 DSM-IV 的診斷標準：

1. 消極抵抗的、敵對的和反抗的行為模式至少持續 6 個月，其診斷需要符合下列條目中的至少 4 條：

   ✎ 經常發脾氣。

   ✎ 常與大人爭吵。

   ✎ 常拒絕服從大人的要求或違反規則。

   ✎ 經常明顯故意地煩擾他人。

   ✎ 常因自己的錯誤或所做的壞事責備旁人。

   ✎ 常「發火」或易被旁人煩擾。

   ✎ 常發怒或怨恨他人。

   ✎ 常懷恨在心或存心報復。

2. 行為障礙導致明顯的社會、學業或職業功能的損害。

3. 其行為障礙並非由精神病性症狀或情緒障礙引起。

4. 不符合行為規範障礙症（conduct disorder）的標準，如果患者年齡在 18 歲及以上，也不符合反社會人格障礙症（antisocial personality disorder, ASPD）的標準。

我想談談我對這個兒童對立反抗心理障礙的理解。

其實，對立反抗症在許多孩子身上都是存在的，只是程度或重或輕的問題，程度輕的，我們叫「反向心理」；程度重的，我們叫「對立反抗」。

其實，這個心理問題的根源是，誰先對立反抗誰的？在田頤這個個案身上，其實答案是不言而喻的。

孩子在生下來的時候，其實是沒有一個核心的「自我」的，父母在

和他互動的過程中，不斷地塑造出一個孩子的性格來。

　　有著對立反抗症的兒童，背後一定是有一個攻擊性很強的撫養者，這個撫養者不一定是打這個孩子，也不一定是罵這個孩子，你看看田頤的媽媽，打罵孩子的時候還是不多的。但是，她會很嚴厲地對待這個孩子，孩子感受到的照樣是被自己的媽媽所攻擊，媽媽攻擊她的道德，攻擊她做事的速度……這個書稿裡，由於字數所限，沒有把田頤媽媽的內容寫完。即便這樣，我在寫的時候都能夠感覺到，做她的孩子很不容易。

　　一個攻擊性太強的媽媽，一定會造就一個對立反抗的孩子。不是這個孩子在對立反抗媽媽，而是媽媽先對立反抗了孩子，媽媽對立反抗了孩子正常的心理感受。媽媽只看到了自己的感受，媽媽把自己的感受強加在孩子的感受上面，媽媽一再地忽略孩子的感受，孩子在媽媽那裡基本上是不存在的，為了對抗自己的不存在，孩子「對立反抗」了。

　　寫著這些，我的心很痛很痛。你只有在接觸了那些被撫養者傷害的孩子之後，你才能感受到這份心痛的沉重。

　　所以，關於這個診斷的名詞，我不知道該說什麼好。

　　究竟是孩子有問題，還是撫養者有問題？

　　家庭是一個系統，孩子的問題反映的常常是家庭這個系統出現了問題。所以人們常常說，孩子是父母的一面鏡子，孩子的問題映照出父母自身的問題。

▌諮商心理師的建議 ▌

　✎ 父母要多學習兒童心理，多了解兒童心理。做父母肯定是不容易的，你今天不學習，明天就得花更多的時間去處理孩子表現出的各種心理問題。

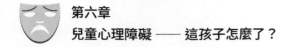
✎ 父母要克服家長制的思想，覺得孩子是自己的，什麼都該聽自己的。其實，孩子是一個獨立的人，有自己獨立的喜好和思想，家長要學會放下自己的權威感，耐心地去聆聽孩子的心聲和感受。

✎ 父母和孩子要多交流對同一件事情的看法，父母要學會從孩子的角度去理解孩子為什麼那麼想和那麼做，孩子也就能從中學習到怎樣去理解別人的感受。這樣才能有效地消除孩子的對立反抗行為。

第七章

其他障礙 —— 形形色色的心理障礙

身體臆形症：一個隔代教養的兒童想對爸媽說……

徐素栀，女，27 歲，碩士畢業，房地產公司職員

4 歲那年，父母去外地工作，我和奶奶生活在一起，6 ～ 7 歲是和父母生活在一起，8 ～ 10 歲是和奶奶生活在一起，11 歲的時候，又回到父母身邊。

和爸爸一直很疏遠，缺乏語言交流，彷彿隔了好幾層紗一樣，很陌生，缺乏親密感。爸爸一生氣就不理睬人，這一點我尤其害怕，和他更加疏遠。後來發現，我自己也是這樣的性格。

媽媽脾氣要直率得多，但是也比較暴躁，所以我和她說話的時候，總是擔心她會不會對我說的內容不耐煩。

我特別敏感，常常會去覺察父母的表情，如果他們的表情是平和的，我就比較安心；如果他們的臉色不太明朗，我就會不安甚至惶恐。

很長一段時間裡，我對爸爸媽媽有什麼憤怒，都不容易表達出來，喜歡悶在心裡。

比我小 5 歲的妹妹和爸爸的關係就比較親熱，妹妹是從小在爸媽身邊長大的。看到妹妹和爸爸那麼親熱，無話不談的時候，我會很羨慕。

相比爸爸媽媽，我最喜歡的人其實是奶奶，小時候和奶奶比較親

熱。但是奶奶是一個重男輕女的人，我姑姑生了一個兒子，和我同歲，奶奶如果有好吃的，就只拿給表弟吃。

每次爸媽休假結束要回去上班的時候，我都哭得撕心裂肺的。鄰居一個阿姨就說：「如果是我，女兒哭成那樣，我怎麼走得了！」這句話我現在都還記得。

小時候，我更喜歡媽媽，和爸爸很生疏，不說話；但是現在，我不願意和媽媽說話，感覺媽媽總是會在一些事情上嘮叨抱怨。從讀大學開始，我可以和爸爸交流一些自己的看法了，和媽媽說話就變得比較少了。媽媽沒讀過什麼書，心胸又狹窄，和爸爸的親人相處很不好，常常會發生矛盾。

讀研究所以前，我都是很陽光單純的一個人，不知道是怎麼回事，自從開始讀研究所以後，逐漸變得脆弱，依賴爸媽，選擇在 A 市讀研究所，是因為爸媽在這座城市。

研究所二年級下學期，我沒有原因地出現胃痛、發燒、不想吃東西的現象，去給校醫看了，給予消炎和胃藥治療以後，胃痛好轉，但是仍然不想吃東西。

後來我出現乳房疼痛，便擔心自己罹患乳癌，害怕、緊張得很。有一次聽說我大舅罹患大腸癌之後，就擔心自己經常腹瀉是不是也得了大腸癌。後來我再次出現胃部不舒服、噯氣和不想吃東西，就去了一家醫院做了胃鏡檢查，結果是「慢性胃竇炎伴膽汁逆流」，治療後好轉，但胃口仍然不好。

後來出現小腹脹痛，做血液常規檢查顯示三系（白血球、紅血球、血小板）低，醫生告訴我，需要進一步檢查排除相關疾病。我即刻表現出擔心，害怕自己罹患不治之症，緊張，心慌，全身乏力。當天就去了

更大的醫院複查，其實全血細胞計數是正常的，但是，緊張心慌和全身乏力的症狀依然有。

隨後，我開始在不同的醫院就診，反覆做各種檢查。雖然各種檢查的結果都是正常的，但是我依然覺得自己會罹患某種莫名其妙的疾病，然後死掉。

後來，我又出現頭痛、耳鳴、心悸，醫院診斷是「神經性耳鳴」，經過治療以後，心悸緩解，但是頭痛、耳鳴、全身乏力、擔心、害怕耳朵聽不見、睡眠不好的現象依然存在。

我總是感覺到脖子上面長了一個小小的東西，有時候摸得到，有時候摸不到。但是我會一直去摸，很擔心那會是一個不好的東西。

最終我到了某醫院的身心科住院，診斷是「焦慮症」。

生病以來，爸媽陪伴著我在各個醫院就診住院，花費了家裡許多錢。爸媽是社會底層人士，在這座城市做小本生意，家底並不厚實，平日他們的生活非常節儉，對自己都很省，很捨不得為自己花錢。而現在，一大筆一大筆的錢往醫院扔，真的，我感覺我一生病住院，那個錢真的像「扔」一樣的。我很在意爸媽在付錢時的臉色，但是，爸媽在掏錢的時候並沒有流露出捨不得的表情。

某天和媽媽一起搭公車，媽媽看著窗外的店鋪，說了一些現在的生意很難做的話題。我心裡想，妳怎麼不多問下我的身體如何了，怎麼不多關心我一下啊？

在醫院，經過藥物治療和心理治療，我好轉以後出院。研究所順利畢業後，我在一家房地產企業上班了。

最近我再次出現心理問題，是因為在公司和主管的關係。我們部門經理對我和王玉熙的工作安排有失公平，我已經失眠好多天了。

　　經理對我和王玉熙的態度不一樣，最開始經理和我關係還不錯，因為我們是校友。但是後來，估計是經理對我的工作能力失望吧，有一次公司有人問，誰去辦理企業的一些雜務事情，經理用一種不屑的口吻說，那就只有派徐素梔去了，好像這樣不需要動腦筋的事情就應該給我做的一樣。

　　工作上安排給我的事情總是比王玉熙的多，而且還不公平。有一次是我先寫一篇報告，寫了一半之後，因為有和王玉熙的科系相關的內容，就移交給王玉熙繼續補充下半部分。但是後來，經理卻說那篇報告是王玉熙寫的，我感覺很不公平。

　　然後，我晚上夢見自己被人欺負或者被人誤會，我很委屈，想為自己解釋。但是，我很用力講話卻發不出一點聲音，用盡全身力氣也講不出一句完整的話來，講出的都是幾個單字……

　　後來我提出辭職，經理又一直挽留我。

　　某天跟經理請假了，說是要在月底前才回去上班，經理也答應了，並讓我好好休養身體。經理知道我曾經有過焦慮症，所以她推薦了一個諮商心理師給我。這個諮商師是經理的朋友，我不知道經理和他說了費用的事情沒有，和諮商師的聯繫一直不是很順利，這個諮商師一直拖著不回覆我具體開始的時間。過了一個多月，我收到諮商師的簡訊，那個簡訊說得很委婉，說他最近一段時間有什麼工作在，不能為我安排諮商時間了。

　　收到那則諮商師的拒絕簡訊後，我心情很難過，然後在捷運裡暈倒過去，這次暈倒不像以前的暈倒，醒來後雙眼什麼都看不見，所以心裡很慌……

　　這段時間睡眠不好，每天晚上安靜下來的時候會出現耳鳴，影響睡

眠，白天有人和我說話的時候就聽不到那個耳鳴。

最近我打算做一次旅行去散散心，但是約人都約不到，心情很低落，進而出現頭暈、呼吸困難等身體症狀。

那天，我寫了一篇日記：

「我今天覺得情緒很低落，突然覺得那些想要堅強的意志都瞬間被瓦解了。我想出去旅行幾天，本來答應跟我一起去的同事推託說請不了年假。然後我就找另外幾個朋友，有說沒興趣的，也有請不出假的，讓我覺得很難過，有一種被孤獨吞沒的無力感。好像全世界的人都不願意陪我，真的覺得快要孤單到窒息了。

今天與人聊天，聊到有些女孩子的老公對她們無微不至的照顧和體貼，我真的也好想好想擁有那麼一段感情，有那麼一個人好好地對我，願意陪我願意聽我說說話，然後我也好好對他，好好愛他。但是我的理智告訴我：我現在這種狀態，開始任何一段感情都是不明智的，可能我只想找個人填補我心中的空洞和孤獨，一旦對方無法滿足我，我可能會陷入更深的漩渦裡。」

有時候我還會有這樣的念頭和擔心：我現在這個樣子和狀態，不論跟誰在一起，好害怕給不了別人幸福。我情緒這樣敏感、這樣不穩定，是不是真的沒有資格去擁有一份感情或者組建一個家庭，很害怕。

我對很多事情的預期總是有不好的成分，總是覺得即將發生的事情不會有好的結果。

因為耳鳴，所以我入睡前要吃身心科醫師開的藥。每天晚上都會在意耳鳴，因為它是那麼的不可控制，不知道什麼時候它會冒出來，然後影響我的睡眠。如果沒有這個耳鳴，心情應該會好很多。

最近在家裡，看到爸媽冷戰的時候，我心裡會著急和難受。爸爸很

勤快，家裡的事情，做飯洗衣服，基本都是爸爸在做，當然媽媽也沒有閒著，媽媽負責買菜等事情。我爸媽是在學校裡做生意的，都是早出晚歸的。

爸爸話比較少，媽媽比較囉唆，他們常常會爭吵和冷戰。

妹妹曾經說過我不像個姐姐，不怎麼會去關心她，反而她更像一個姐姐，要時常來關心我。

昨天和媽媽談到小時候和他們分離的經歷，媽媽說，因為那時出去工作是擺地攤，也沒有固定居住的地方，所以也不方便把我帶上，然後媽媽說了一句，如果不是條件不允許，哪對父母會捨得把自己的孩子放在老家啊！聽了媽媽這句話，我覺得心情很舒服。

記憶中也有一些溫暖的片段，比如剛到 A 市和爸媽生活的時候，大概 12 歲吧，因為不熟悉路，所以第一天去上學的時候，回家路上走到一半，看見媽媽來接我，那種感覺很溫暖。

某天妹妹央求我騎車載她去車站，我也覺得很溫暖；去醫院看病的時候，幫助一個去女廁所的患者如廁，我也感覺到很溫暖；後來幫助一個小孩子撐雨傘，我心裡也覺得溫暖。

我其實能夠意識得到，每次我身體上出了問題，把爸媽弄得焦頭爛額的時候，感覺自己是想得到愛和關心。有時候也自責，自己總是給爸媽找麻煩，但是身體還是會生病，控制不了。

▋解析▋

上面的這些內容，大部分是徐素梔在我這裡描述的內容。在心理諮商的過程中，素梔把它們都串成了一條線，過去的經歷對她來說，不再是那麼散亂和沒有關聯了。她在心理諮商的過程中，過去好多模糊的東

西逐漸變得清晰起來,她沒有意識到的很多東西,透過自己的話說出來,也會得到和過去不一樣的新體驗。

素梔的身體臆形症,還包含有慮病症的症狀,素梔的症狀真的是多種多樣,但是其核心只是在表達,在追問:爸爸媽媽,你們愛我嗎?你們會無條件地愛我嗎?

當然,所有的症狀都是謎面,底下是那些不能被素梔和她的親人讀懂的訊息。心理諮商的過程,就是把這些沒有說出來的話,讓她自己意識到,自己去把它說出來。說出來之後,潛意識上升到意識層面,她的問題就可以逐一解決了。

在一次空椅法裡,素梔面對對面象徵著爸媽的空著的椅子說:

爸爸,媽媽,你們知道嗎?每一次你們回來我多麼的開心,每一次你們走的時候,我都會撕心裂肺地哭上好幾個小時,你們走後好多天,我都一直很難過。鄰居都說,我哭成這個樣子,你們怎麼狠心走得了,但是,每一次你們還是走了……

妹妹每次都和你們一起走,為什麼妹妹可以和你們生活在一起,而我不能?小時候,這句話我是問不出來的,但是現在,我就是想問問,為什麼你們更愛妹妹,不愛我?

……

素梔在說的過程中,從一開始開口,就已經是淚流滿面,到最後則是泣不成聲。我在做心理諮商的過程中,一般情況下是很難哭的,但是,從素梔掉眼淚開始,我就跟著掉眼淚。

一個孩子,從4歲開始,就不斷地經歷和父母的分離,她的老家在東部,父母工作的地方在南部,每一次和父母的分離都如同死別。

在一個孩子的心目中，見不到父母，就等同於被父母所拋棄。一個不斷地體驗到被拋棄的孩子，她會覺得自己是可愛的，有價值的嗎？

這個孩子在成年以後，不斷地以身體臆形症的方式在呼喚父母的愛的呈現。當然在此之前，她是沒有意識到這個東西的，隨著諮商的進行，她慢慢地意識到了自己的疾病和父母的關係。

這個孩子是無數隔代教養孩童裡的一個縮影。她在心理諮商室裡對代表父母的空椅子說的那番話，讓人痛心不已。

親情，是這個世間人人心中都珍視的一種感情。為什麼每一次孩子撕心裂肺的哭喊，都留不住一雙雙要遠行的足跡，難道前方真的有金礦在等著你們嗎？

其實在哪裡工作都是工作，很少有父母會替孩子考慮一下，為了孩子，留下來。

父母帶走了小的孩子，留下了大的孩子，這樣的情形在好多家庭裡都存在。因為大的那一個可以交給爺爺奶奶或者外公外婆撫養，或者是因為孩子的學籍在老家的緣故，無法帶走孩子……

把孩子交給爺爺奶奶或者外公外婆帶，存在著許多問題。孩子本能地知道，父母才是自己真正的撫養者，爺爺奶奶、外公外婆不過是替代者。和父母的感情連結，永遠是孩子心底深處最強烈的渴望。

奶奶有好吃的只拿給外孫吃，不拿給孫女吃，那麼，類似的事情可能不止這一件。孩子的心都是敏感的，她期盼自己是唯一被愛的那種幻想就被打破了。

唯一被愛，意味著我是重要的，我是值得被珍惜的。有這樣感受的孩子，就有安全感，因為她可以預期自己期望得到的愛是可獲得的、有保障的；而如果在她該得到這樣可獲得的、有保障的愛的年齡階段沒有

得到，那麼，她就會終生尋找這個東西，而且是過度尋找。

從讀研究所開始，她不斷地罹患軀體疾病，把父母辛苦賺來的錢花去許多，而且讓父母焦頭爛額……每次看到父母掏錢和難過的時候，她會自責，但是身體控制不了，身體就是要出「問題」。或許是身體在替她表達她想在父母那裡索要的愛吧！

素梔都 27 歲了，還沒有一次正式的戀愛經歷，家人會著急，希望她可以早日結婚。但是，有一次爸爸表示過：「嫁不出去也沒關係，我們會養妳一輩子。」素梔聽了心裡就很開心。

曾經有一個男生對她有好感，但是，他喜歡對她講工作中遇到的一些比較負能量的事情，素梔就想離他遠一點了，她覺得自己承受不了那些東西。

談到戀愛，素梔多次說到希望將來的男友可以讓自己感覺到絕對安全，可以依靠。如果不了解對方的家世和更多資訊，自己就不敢邁出那一步。

她後來意識到，小時候，望著父母決絕離開的背影，自己有一種在親密關係裡被拋棄的恐懼。所以現在很害怕進入親密關係，怕一旦發生什麼變故，那個人就會離自己遠去。

這個個案的諮商是分成兩個時期的。說到素梔工作以後的這個階段的諮商，才見到她的時候，我很吃驚。素梔原先是比較漂亮的，雖然是單眼皮，但是眼睛很大，而這次見到她，卻割成了雙眼皮，但是那個雙眼皮沒有割好，反而沒有以前的她好看。

素梔反覆地提到自己很自卑。我想，對自己的外表沒有信心，也是自卑的一個呈現吧！

素梔在和主管以及同事的關係之中，再次重現了原生家庭裡的創

傷。其實經理是喜歡她的，也欣賞她的能力，但是，她內在覺得自己是不被喜歡的，所以對經理喜歡她的訊息視而不見，比如她去辭職，經理怎麼也不同意，還推薦了諮商師給她。雖然最後不知道是什麼環節上出了問題，導致她沒有和諮商師聯絡上，但是至少說明，經理並非素梔想像的那樣，更喜歡王玉熙而不是她。

素梔和主管的關係裡，啟動的是她和父母的關係裡面的創傷。她和王玉熙的競爭，也很像是和妹妹的競爭。

經過諮商，素梔重新返回職場，和主管同事的關係有了好轉，對父母有了更多的理解與關懷。現在她會知道父母的辛苦和不容易，有時候也會幫助父母做事了。

這次去臺北，素梔見到大學時代的一位室友，當年在寢室的時候，和她關係不錯。現在見面素梔覺得對方太強勢了，男友對她百依百順，她對素梔則是吹毛求疵的，但是現在這些對素梔的刺激不大了。

爸爸最近在老家裝潢家裡的房子，素梔和爸爸在裝潢的某些問題上有分歧，也能對爸爸發表不同意見。素梔感覺自己現在變了。

▌述情障礙在身體臆形症中扮演著怎樣的角色？▐

述情障礙（alexithymia）又被稱為「情感失語症」或「情感表達不能」。述情障礙經常在心身疾病、精神官能症和其他心理障礙患者的身上出現。述情障礙並不是一種單獨的精神疾病，它可以是一種人格特徵，也可以是生理或者心理疾病的心理表現或者繼發症狀。

1972 年，哈佛大學精神病學家彼得·西凡尼歐斯（Peter Sifneos）博士首次提出了「述情障礙」的概念，他說：「他們（指述情障礙患者）給人的印象是與眾不同、格格不入，好像來自一個完全不同的世界，卻生

活在被情感主宰的社會中。」在心理治療的過程中，有些患者會說自己沒有感覺，就連夢境都是單調、缺乏色彩的。不管是描述自己的感覺還是他人的感覺，對於述情障礙患者來說都是一件困難的事情。他們也無法討論自己的情緒，因為他們關於描述情緒的詞彙非常貧乏。所以，心理治療的方法對於這類患者來說很難發揮作用。

述情障礙患者無法將不同的情緒、情緒與身體感覺加以區分。如果我們要求一個述情障礙患者描述緊張這種情緒，他會說心跳加速、冒汗、頭暈，但卻無法意識到自己產生了緊張的情緒。述情障礙患者不具備 EQ 的基本條件，即對情緒的自我意識。他們也不是沒有感覺，而是無法用語言來描述自身的感覺。如果在外界的刺激下他們產生了某種感覺，對於這種特殊的感覺體驗他們會感到困惑和威脅，所以會努力加以消除。雖然他們感覺很糟糕，但卻無法對這種糟糕的感覺進行精確的描述。

由於感覺和情緒上的困惑，述情障礙患者可能經常抱怨自己的身體出了問題，實際上問題是心理和情緒上的。這就是人們常說的「軀體化」，即情緒上的問題被誤認為是身體上的問題。

述情障礙的原因，估計還是和撫養者缺乏述情能力 —— 缺乏對孩子的共情能力有關。孩子感受到極大的不安全感，為了避免自己體驗到這種不安全感，所以孩子傾向於採取和自己的感受相隔離的態度來迴避某些真實的體驗。久而久之，孩子就呈現出述情障礙。

述情障礙的心理機制，很類似精神分析裡的幾種防禦機制，比如隔離和理智化（intellectualization）。

情緒是一種能量，如果能夠用語言去表達，就可以宣洩這種能量；如果不能用語言去表達，那可能就用身體去表達。所以，軀體化的症狀是一種述情障礙的人常常會採取的方式。

當然，在本案例中，素梔還不屬於具有述情障礙的人，她對自己的情緒情感的識別和表達都是準確細膩的。只是在一開始，她對自己的父母表達感情的時候會有阻礙。

諮商心理師的建議

◆ 學會表達負面情緒

可以在和諮商心理師的互動之中，明白自己的無意識衝突，並且能夠透過語言表達出來。但凡容易軀體化的患者，在直接表達自己的憤怒和不滿的情緒上都存在困難。

◆ 放棄患者角色帶給自己的繼發性獲益

因為生病，可以獲得親人更多的關心，這就是一種繼發性獲益，這種繼發性獲益會促使患者無意識中「待」在對疾病的成癮之中而無法自拔。實際上，患者的心理年齡還停留在過去很小的時候對父母的情感依賴之中。但是，長大是必然會面臨的課題，雖然成長是痛苦的，但是卻是患者必須要去走的一步。

◆ 學會帶著症狀生活

這也就是森田療法提倡的順其自然，為所當為。因為有時候人在內心衝突處於無意識的狀態之下時，可能引發退化，從而不願意面對現實生活中內心的衝突，所以採用軀體化的方式來呈現自己在面對現實時的無力狀態。這個時候，患者要學會鼓勵自己帶著症狀生活，這樣做了以後，患者會發現自己其實是可以從過分關注自己軀體方面的問題，轉移到更加現實的工作和交友之中，而顧影自憐只會讓自己更加倒退。

人格解體障礙：我是我生活的局外人

余海順，男，27歲，某工廠技術員

和女友之前有過兩個多月的戀人生活，我們是同一間公司的，分別住在公司的男子宿舍和女子宿舍裡。我們在一起的時候會牽手，接吻，散步，做飯，但是沒有同居。

有一次，女友向我哭訴說她的家人反對我們交往，尤其是她同樣也生活在這座城市的姑姑。姑姑沒有孩子，控制欲非常強，對我女友說，如果繼續和我交往，就會把她帶離這裡，送回她的老家父母那裡。女友很害怕她姑姑，所以和我見面的次數隨之減少了。

其實女友的皮膚不好，身材也不好，長相普通，全身沒有一處是好的，而且對我也不關心體貼，但我就是對這樣的女人感興趣。

我之前有過3段戀愛史，對方都對我非常好，但是，我對對我非常好的女人沒有興趣。現在的女友是唯一讓我產生結婚念頭的女人。

女友愛玩，一看書就頭痛，我不太喜歡這點。但是，女友很喜歡把自己收拾得乾淨整齊，有想法，用品比較精緻，這些是我欣賞她的地方。

那些在大街上隨地吐痰的人，在公共場合說話很大聲的人，我都會瞧不起他們，我喜歡有內涵的人。

很多人我都瞧不起，公司的年輕同事，Level 太低，只會打手遊，講幹話，我喜歡和有正能量、愛學習、陽光的人在一起。我喜歡看書和寫作，但常常因為焦慮而做不成任何事情。

我內心是孤獨和高傲的，嚮往一個人在田間、鄉間的生活，喜歡道家的出世，抗拒俗世生活。

我是一個沒有本事的人，今後怎麼養活女友啊？（其實余海順每個月有 5 萬多元的收入）

我是一個沒有優點的人，個子不高，沒有任何強項，工作上的本事也是這麼多年熬出來的。

作為一個男人，我是一個不堅定的人，想法隨時會轉變，看人的方式也容易轉換，行為常常很偏激。

一位在知名企業做高管的朋友請我吃飯，去的是當地最高級的飯店，點了一些好菜。我意識到了自己的不安，朋友看出來了，就問我：「你是不是覺得自己不配得到好的待遇？我既然請你，你就值得我這麼對待你。」

媽媽有四個姐妹，都被社區的人認為是腦袋有問題的那種人，她們見人就喜歡說閒話，衣服穿得不太協調，但自己沒有自知之明，還覺得自己打扮得很美。我非常看不慣。

我媽媽很懶惰，整天不想做事，又貪吃，就喜歡躺在床上嗑瓜子。

有一次表姐到我們家來吃飯，媽媽居然跑到床上睡覺去了，感覺她太不清楚事情的輕重緩急了。媽媽心腸算好，但是常常好心辦壞事。

小時候，媽媽教我做事要鑽漏洞，她眼界小，思維有問題，不教育我踏實做人，我看不起我媽媽。但是在我小時候，是媽媽看不起我，每天都拿我和別人做比較，說我不如這個聰明，不如那個點子多，說我很笨。

　　小時候家裡很窮，一個月才能吃一次外食，半個月才能吃一次肉，有時就連買米都要出去借錢。

　　小時候我身上全是別人穿過的衣服，還會穿好幾年，長褲都穿成7分褲了還不能丟。冬天很冷，小腿露出的那個部分，不好意思被小朋友看到，就不出去和人玩，怕自己被他們嫌棄。

　　因為窮，我很小的時候曾經被父親遺棄過一次，那次是我生了一種病，花了一些錢也治不好，爸爸就把我放在路邊，等別人來把我撿去。結果過了大半天，也沒有人來撿我，媽媽才把我抱了回去。

　　其實那是一種很容易治好的病，只是因為家裡太窮，爸爸也不願意繼續讓我看醫生，所以才會做出那樣的事情出來。

　　我的家庭很畸形，爸媽長期吵架打架，媽媽和奶奶也是長期惡戰。

　　爸媽都很強勢，都覺得自己是對的，要對方聽自己的。

　　小時候我天天挨打，只要媽媽和奶奶吵架，奶奶就會打我。有一次半夜裡奶奶和媽媽吵架，奶奶就把我和哥哥往家門外推，然後就把大門關上了。我和哥哥站在門外，黑漆漆的一片，心裡好害怕啊，後來還是爸爸堅持把門打開，我們才又重新回到被窩裡去睡覺了。

　　真的不明白，大人打架吵架，遭殃的居然是我們兩個小孩子。

　　我臉上有一道疤痕，是國小一年級的時候，有一天早上，記不起是因為什麼事情了，奶奶打我，然後我站起來躲避，頭一下子就撞到桌子上，然後刮傷了臉，一下子血流如注……

　　有一次我走在路上，一隻腳踩到水溝裡，那個時候我的第一反應是不要讓奶奶知道。但是最終奶奶還是知道了，她沒有來看我的腳有無扭傷，也不問我痛不痛，一見我就給我一耳光……

　　童年時候，從來沒有人來哄過我，從來沒有人關心我的課業和感

受，爸爸和媽媽忙著吵架，媽媽和奶奶也是忙著吵架。

每一次放學回家，我都不知道會有什麼懲罰在等待著我。

我曾經差點死過一次，國三暑假去河邊游泳，差一點淹死，被人救上來的時候，嘴唇已經發白了。在水裡產生瀕死體驗的時候，腦海裡閃現出這樣的畫面，爸媽和奶奶溫柔地托住我的身軀，把我從水裡拯救出來，他們面帶笑容地說，再也不會打我了……

和之前的3任女友相處的時候，對於肢體的親密接觸，有時候我會感到不自在。

也和其中一個女友發生過性關係，但是，在那種時候，我的感受是如同看到另外一個自己在和那個女人做愛，我沒有參與感，也體會不到快樂，就包括性高潮的時候，也如同隔著一層迷霧一般的感受。很平淡，做夢一樣。

之前的幾段關係中，我也會去追求女孩子，但是，一旦追到手後，看到的全部是對方的缺點。那樣又會讓我感到索然無味，所以隨後就是彼此冷淡下來。

這27年的生命，沒有什麼值得高興的事情，我好像一個旁觀者，看著自己的肉體在生活，而我的靈魂已經出竅；又好像我自己的生活從來沒有真正開始過，從來沒有真正生活過一樣。

有時候，我也會想到在身上劃一刀，看看自己會不會疼痛，至少，那樣的感覺都比現在這樣的麻木要好一點。

為了要有所體驗，去公園的時候，摸到一棵樹，我會刻意地讓自己去體會摸到一棵樹是一種什麼感覺，但是那種感覺很淺很淺。

唯一可以把我找回來的鑰匙和密碼，似乎在現在這個女友的身上。至少，她讓我看到了一線希望，一絲曙光。

但是她和我的關係是一種若隱若現，似近非近，似遠非遠的關係。她沒有辦法確立和我的戀愛關係，我們的關係很像是地下情，見不得光。

女友的家鄉和我的家鄉，相隔太遙遠，我們都是來這座城市工作的，說不清楚哪一天就會聽從家裡的安排，回去生活了。

所以我感覺女友也怕怕的，無法和我發展出更深的感情。

傳訊息給她，如果她半天都不回覆我，我就會著急，就會擔心她是不是不理我了，不會再喜歡我了。

我常常也會在她面前說一些自卑的話，有點像試探，其實是希望她反駁我，給我信心和希望繼續追求她。

在戀愛中我好賤啊，常常會說一些話來讓她覺得我很可憐，然後來安慰我，比如哪天我受傷了，就會馬上拍照片傳給她，問她可不可以送OK 繃過來。

明明曉得她不願意去某個地方，她已經說明了，但還是忍不住要去問她，然後被拒絕。被拒絕的時候心裡又不爽，但是下次依然會再次找虐。

某天晚上送女友回她姑姑家，女友叫我不要送了，並很直接地對我說：「我們兩個真的不可能（繼續發展下去），你是想逼我說出這句話嗎？」

我其實心裡明白會有這麼一天的。和每一個女人在談戀愛的時候，我頭腦裡都會閃現出她們最終離我而去，只留給我一個背影的畫面。

我只是不知道自己是否做了一些什麼，導致這一天總是會提前來到。

以前，女友會問我，你嘮叨我的時候，你知道我是什麼感覺嗎？我也會努力去體會她是種什麼感覺。但是我發現這很難，我無法進入她的內心世界，這正如我無法進入我自己的內心世界一樣。

　　我和女友的關係已經半年多了，從來沒有過起色，一直沒有向前發展過，和她抱怨我無法理解她有關嗎？而且我隱約也覺得她其實也不關心我，只是我的心很空，我需要女友的存在來填補。

　　一直以來都很焦慮，自己都 27 歲了，還一無所有，總是想賺很多錢，特別著急，給自己定了目標，但是好像抓不住一樣。我特別瞧不起貧窮寒酸的自己，認為別人也會瞧不起這樣的自己，所以很想讓自己有錢，讓女友離不開自己。但是這條路太漫長，還看不到任何希望。

　　幾個月以後，女友還是堅決地和我分手了。

　　這 27 年的生活，感覺過得渾渾噩噩的，不知道自己想要的是什麼，也不知道自己想拒絕的是什麼。

　　每天都會有這麼一段時間，腦袋裡面似乎蒙了一層豬油，遲鈍，混濁，不清醒，有霧一樣的狀態，有時又像是一層水面上蒙上了沙，有時候一整天都是這個狀態。如果有工作任務在做，集中精力的話，這種狀況就會消失。

　　不久前，我失業了。

　　我總是擔心自己做不好事情會被老闆責罵，也總是擔心自己沒有能力去做好一件事情。所以當事情來臨的時候，我會懼怕，會退縮，反覆下來，我就再次把自己和事情隔離，彷彿是另外一個人在做那些事情，事情的成功與失敗，都和我沒有關係。

　　上班時常常出錯，並且是那種很低級的錯誤，一看就似乎是我故意犯的錯。所以老闆常常罵我，好像是我故意去惹人罵我一樣。

　　也害怕老闆指派工作任務給自己，「你把這個做了，把那個做了」，心裡很空，什麼都沒有，很害怕，不想做，想回家睡覺。對很多東西都存在抗拒，害怕把自己交出來。

工作以來，和任何老闆都處理不好關係，一方面對他們評頭論足的，另外一方面又不遺餘力地去討好他們。說話特別囉唆，要說到把對方當成自己人了，心裡才會安心……

在說這些話的時候，感覺依然不是我在說，而是另外一個人在說。

和女友分手以後，我頭腦裡完全回憶不起女友的模樣，我甚至記不起我自己的樣子。

好想哭一場，但是哭不出來。

常常覺得生活如同行屍走肉，體驗不到快樂和悲傷，已經忘卻快樂的感覺，感覺自己快瘋了，如果哪個人來搧我兩耳光，估計我也不會有什麼反應了……

▌解析▌

和余海順交流了許多次，我頭腦中依然很難清晰地形成關於他和他女朋友的生動的形象。他在描述事情的時候，更多地使用評判，而較少地給出事件的細節，然後我常常會去跟他要細節。我發現我要到的東西也比較空，所以最後我放棄了，然後我陪伴他一直待在他的幻想世界裡。

一般情況下，我很少忘記我的來訪者的諮商時間，但是對這個個案，非常特殊，我忘記過幾次關於他的諮商時間。有一次忘記了，我說我會幫你延長諮商時間或者以別的方式來補償你，但是他一直說不要緊，他可以理解我臨時有事，也不需要我補償……隨後，我又再次發生遺忘他的諮商時間的事情，終於，我們用了一次諮商的時間來討論我的遺忘。

這一次的探討裡，他意識到他的潛意識裡覺得自己不重要，所以反覆地教會我的潛意識也認同這一點。他「教會」他身邊的人忽略他的存

在，然後，他對這樣的被忽略也充滿了痛苦。但是，因為這樣的感覺是那麼熟悉，所以，他不斷地「召喚」這種感覺回來。

在我們都意識到了他的潛意識之後，我沒有再遺忘他的諮商時間。

最開始，我感到余海順有一系列的隱匿性憂鬱症症狀，但是後來，我發現個案和 DSM-4（《精神疾病診斷與統計手冊》）裡面對人格解體障礙（depersonalization-derealization disorder）的診斷標準是吻合的：

✎ 持久或反覆地體驗到自己精神過程或軀體的脫離感，似乎自己是一個旁觀者。

✎ 在人格解體時，現實檢驗能力仍完好無損。

✎ 這種人格解體產生了臨床上明顯的痛苦、煩惱，或在社交、職業以及其他重要方面的功能缺損。

✎ 這種人格解體的體驗並非發生於其他精神障礙的病程之中，例如思覺失調症、恐慌症、急性應激障礙或另一種解離性障礙，也並非由於某種物質（例如濫用某種藥物、治療藥品）或一般軀體情況（例如顳葉癲癇）所致之直接生理效應。

個案是什麼診斷，在我們心理治療的臨床上並不是那麼重要。但是，對個案的核心症狀的理解，卻是比診斷更重要的東西。

這個個案最重要的核心症狀其實是感覺缺乏以及由感覺缺乏帶來的自體感的虛弱無力。感覺缺乏，是一種在比較嚴重的精神病病理中會存在的症狀之一。但是這個個案又不至於達到精神病性症狀的地步，所以歸入人格障礙的範疇應該問題不大。

個案對於他的人生，一直存在著一種恍惚狀態，什麼是恍惚狀態呢？

✎ 感覺生活很空虛，不真實。

✎ 很多時候容易體驗到焦慮情緒。

✎ 在焦慮情緒撐不住的時候容易掉入憂鬱情緒裡去。

✎ 對身邊的人和事物的體驗很淺淡，甚至很淺薄。

✎ 情感高度隔離。

✎ 很難活在當下，沒有精力來關注生活細節。精力容易因為處於精神
的緊迫狀態而被耗散掉，使身體顯得虛弱無力。

✎ 容易自我否定和自我膨脹。

✎ 把自己當作實現某種人生目標的工具，別人也是。

✎ 對自己和別人的感覺都很漠視。比如一個人對他說話，他聽到了，
卻沒有反應，因為他沉浸在自己的內心世界裡，對周圍訊息的感知
通道自動遮罩或者過濾掉大部分，只留下小部分進入，可能也是有
害怕微弱的自己被外界訊息所吞沒和吞噬的恐懼。

余海順某天做了一個意象對話，心中的自己的形象是一個骷髏，心
裡特別枯竭，沒有能量，一無所有，什麼都抓不住，什麼都會失去，女
友、工作、金錢，對事情總是有這樣那樣不好的預期……

余海順在和女友分手以後的幾次諮商裡，不斷地提到自己的悲傷與
悲哀，但是他的語氣是平緩的，情緒缺乏變化。我感受不到與悲傷的情
緒相對應的東西，他帶給我的感受就是「空」，這個空並不是佛教裡面的
空，而是另外一種空，這種空讓我感覺不到他存在的分量。

根據余海順的描述，我感覺到他的媽媽是一個精神有問題的媽媽，
當然，不斷地和媽媽吵架打架的爸爸，精神也不可能好到哪裡去。聽他
描述的奶奶，更是一個心理畸形的人，他在這樣的環境中成長，出現諸

多的精神問題，似乎也不難理解。

余海順的媽媽長期貶低他，否定他，爸爸曾經試圖把他遺棄，奶奶則因為和媽媽的關係不好，靠打他來出氣。甚至，他的哥哥也經常打他。他說自己還得忍讓著哥哥，什麼好吃的好用的都讓給哥哥。

余海順在談戀愛的時候，女友如果對他是關心體貼的，他對她的興趣不大；女友如果是對他不關心、不體貼的，他反而對這樣的人有迷戀，雖然迷戀的過程裡也充滿了憤怒。這是一個矛盾，但是在他的身上，這樣的矛盾卻是可以理解的。

這就是精神分析一再強調的強迫性重複。他雖然對於小時候被忽視的經歷很痛苦，但是這段經歷是他熟悉的，熟悉的東西往往意味著安全。如果女友對他一直都很溫和，很關心，其實他是不熟悉這樣的感覺的，他會覺得怪怪的，會覺得哪裡不對頭，會好奇對方到底想怎樣……所以，他會在潛意識裡「勾引」對方繼續忽視他。其實，我也上過他的「當」。這樣，他又會回到過去他熟悉的情感場景裡去，這是他潛意識裡的「安全基地」。

在快樂原則之前，首先是安全原則，一個人在沒有體驗到安全的情況下，是不可能體驗到快樂的。而安全的需要仰賴於對過去熟悉的東西的一再重複，哪怕是受虐。

他身邊的人從來就沒有當他存在過，所以，他從環境中的人的臉上，看不到自己的模樣，無法形成自己的形象。這是一個面目模糊，無法辨認出自己的人，也讓別人無法辨認出他的模樣。

余海順尋求心理諮商，還是希望找出自己的模樣來。我陪伴著他努力地尋找，我們遊走在那些蛛絲馬跡的細節和幻想之中，希望可以拼湊出那幅殘缺的生命畫作，這注定是一項艱難的工作……

▌人格解體障礙是一種怎樣的心理疾病？▌

人格解體障礙，是一類以持續或反覆感到自己的精神過程和身體被分開為特徵的心理障礙。

人格解體障礙是屬於解離症（dissociative disorders）中的一個種類，在以前的診斷系統中，是屬於精神官能症範疇裡的歇斯底里性精神官能症下面的解離症，自從取消了精神官能症這個大的疾病範疇之後，原先歸屬於精神官能症下面的疾病被劃歸到其他精神障礙。但是從這個疾病以前的歸屬來看，並不屬於嚴重的心理疾病，但是個人認為這個疾病的核心症狀提示出來的人格發展跡象其實不容樂觀。此疾病在心理治療的來訪者之中並不多見。

人格解體這個字眼看起來很可怕，但是其實患者不論是否在發病期間，對自己身心不合一的自知力都是非常清晰的，在和諮商師交流的時候，情緒情感雖然淺淡，但是該有的點都是有的，思路也是清晰的。

從精神分析的角度來看，人格解體可以被看作是患者的一種有效的防禦機制，它可以保護患者遠離那些對自己有刺激的體驗。

從存在的角度來看待這個疾病，當某類人被邊緣化的時候，更容易出現人格解體症狀。

在正常人這裡，身心是合一的，而在人格解體障礙患者這裡，身和心是分開的。為什麼要分開呢？我想是和患者脆弱的自尊心系統相關的一種操作。如果生活的人際環境太糟糕了，總是會讓他體驗到他是糟糕的或者失敗的，那麼，他從來沒有完全建立起來的自信心會被瓦解掉，一個人的自信心被瓦解了，這個人也相當於不存在了。所以，這個時候，讓自己的身體和心靈分割開來，彷彿那個糟糕的人和糟糕的體驗不是自己的，這樣的防禦機制可以很好地保護這個人不至於受到太過劇烈的自尊心創傷。

　　人格解體障礙多發病於青春期或成人。兒童也可能發作，但因患兒不會主動敘述，因而難以發現。臨床中很少有患者會以人格解體作為主訴去看病，但患者可以焦慮、驚恐或憂鬱而去看心理醫生。患者的主要症狀是感到精神過程或身體的分離與疏遠。患者感到像一架自動機，或彷彿生活在夢中或者電影裡。患者有一種感覺：自己是自己的精神過程、自己身體或部分身體的外部觀察者。可出現各種感覺缺失、缺乏情感反應以及感到自己的行為，包括言語缺乏控制。患者的現實檢驗能力完整，即知道這只是一種感覺，自己不是一架真的自動機。

　　塔克從 300 多名患者對一系列問題的回答中得出結論：

- 人格解體是一種明確的體驗，當用這種方法問到曾有此種體驗的患者時，他們是立刻就明白的。
- 人格解體是一種原發的內心感覺狀態，可能發生於許多情緒狀態之下，包括病理的和正常的，亦可出現於憂鬱情緒和認知過程障礙的情況之下。
- 具有人格解體症狀的患者往往有慢性焦慮、持續性憂鬱和不同程度的思維病理變化表現。在評價人格解體與思維過程的關係時，發現人格解體多見於思維分解與概念界線混淆不清的病例中。
- 人格解體與焦慮有明顯關係，但與妄想或幻覺現象沒有明顯的相關，與猜疑和妄想狂尤少連繫。
- 人格解展現象與思覺失調症關聯較多，特別是在隱襲性或邊緣狀態的思覺失調症患者中，這種疾病比在混合性憂鬱症患者中更為多見。而且，許多有人格解展現象的患者也有顯著的歇斯底里症特徵。
- 人格解體在年輕人中較常見，但與性別無關。

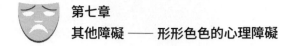

▌諮商心理師的建議▌

✎ 向患者解釋這種疾病屬於一種功能性障礙,不是器質性的問題。在症狀暫時無法消退的時候,和症狀待在一起,反而可以逐漸消除症狀。

✎ 症狀出現的時候,深呼吸,觀察自己的焦慮情緒。

✎ 在心理治療的過程中,看到自己的創傷是怎樣影響到現在對自己的自我認知的。

✎ 接受不那麼完美的自己。

身心疾病：病由心生，心病外化

林雨初，女，44 歲，會計師

　　她是一個沒有耐心的媽媽，在我小的時候，總是喜歡催促我去做事。

　　她是一個單向思維的媽媽，她覺得那個事情應該按照什麼速度可以完成，她就理所當然地覺得一個孩子也可以按照那個速度完成，一旦我不能按照她的速度完成她叫我做的事情，各種嘲笑、譏諷的語言和表情就會甩給我。我很懼怕這些東西，所以到後來，我一聽到她叫我做什麼事情，腦袋常常一片空白。這樣的話，我更加完成不了她叫我去做的事情，當然，接踵而至的東西還是會如期降臨在我的心靈世界。

　　當她一個人在廚房忙碌的時候，她常常要叫我去幫她找東西，她會說，那個東西在某個地方，然後我就去找，但是我通常都找不到。於是我就再問她，她就會發火，說：妳這個瞎子，叫妳找吃的，妳一定找得到，叫妳找一丁點東西，妳都找不到……

　　長大以後，有一次她繼續這樣對我，我才突然發現，她叫我去找東西的地方，只是一個大概的地方，比如四門衣櫃那麼大，我怎麼知道她要的東西在哪個門裡面。但是她往往只說個衣櫃的名字，就叫我去找，

而且，以我對她的估計，她允許我找到的時間一般是 20 秒，超過 20 秒，她就開始著急，開始罵人了。

後來我形成了條件反射，只要她叫我找東西，我就開始心慌，開始手忙腳亂。我很懼怕她的嘲笑和譏諷，甚至是辱罵，我很懼怕聽到她罵我瞎子。小時候，我的眼睛很漂亮，很多阿姨看到我都會很驚奇一個小孩子的眼睛怎麼可以長得這麼好看。後來我不得不戴上眼鏡，這本身就是我心靈世界最大的一個痛楚和遺憾，而她就要偏偏拿我最不願意面對的事情來戳痛我。

小時候，我其實是隔離掉了媽媽對我在情感上的粗暴對待的，我一直深信，她是世界上最愛我的那個人。的確，除了這些，在其他方面，她都無微不至地照顧著我生活的各個方面。

她常常在早上 5 點多就把我們所有人的早點做好了，等待我們起床以後來吃。早上 10 點多，就把中午的飯菜都做好了，最多就只是等我們回來以後，把該下鍋的菜炒好。晚上同樣如此。她好像很害怕事情做不好會出什麼意外一樣。

在我成年以後，沿襲了她的做派，我發現我在任何事情上都容易緊張，害怕無法提前做好而出什麼錯。所以我也總是早早地替我的家人準備好一頓飯要用到的東西。

後來我慢慢地學會了自我覺察，我問我自己：妳究竟在害怕什麼？如果事情沒有做好，會招致怎樣的後果？我慢慢地問自己，然後，那個答案慢慢地就浮現出來：我害怕聽到媽媽驚叫一般的、刺耳的聲音，那個聲音要麼是訓斥，要麼是嘲諷，我很害怕這些東西。

但是，一旦遇到事情，我的那個第一反應還是會出來。在我更年期來臨的時候，這種狀況就到了巔峰，我是一個好客的人，喜歡請朋友來

我家裡面吃飯。但是到我更年期來臨之後，我逐漸減少了這種事情。有一次，我請 3 個朋友來我家吃飯，其實什麼都是準備好的，但是，我依然覺得吃飯時間之前的安排有可能會緊張，我去切菜的時候，手都在抖，那種慌張的程度彷彿她們要來的時間快到了，如果沒有把一切都準備好，天就會塌下來一樣……

媽媽住在我弟弟家，弟弟和我在同一個社區，所以我常常請他們過來吃飯，每次，我都會很緊張，會在媽媽來之前把所有的菜都上齊。因為我知道她一旦來了，就會各種挑剔我，要麼是「湯忘記煮了」，要麼是「怎麼 12 點了，妳都還沒有把菜端上來呢」……

後來，我去請媽媽他們過來吃飯的時候，會有一種幻想，我覺得我會把手切到，然後有一次，我就真的把手切到了。從那以後，有半年的時間，我都沒有請他們過來吃飯。

在媽媽逐漸老了以後，她對我沒有那麼苛刻了，逐漸變得依賴我。她罹患了糖尿病，每次吃飯的時候，我都會叮囑她少吃點肥膩的東西，但是她又喜歡吃那些東西，所以，在飯桌上，我常常要罵她，不准她吃多了。然後，她在吃的時候，會用她的眼睛來偷看我注意到她的筷子沒有，她的眼睛一瞟一瞟地會來看我。原來，媽媽的內心也住著一個小孩子，那個小孩也很害怕別人說她；也住著一個嚴厲的媽媽，她也害怕那個媽媽責備她的話不好聽。

我做事容易緊張的性格始終是有的，即便是不請外人來吃飯，在我自己的家裡也是如此的。除了吃飯，在其他任何事情上，我都容易焦慮，在工作上，一個 PPT 往往要提前準備好，我不允許自己犯錯，做錯事。所以，我常常在講課以前很焦慮。

這樣的性格長期下來，我終於在 42 歲那一年，罹患了高血壓。這一

年，恰好是我更年期的第一年。

在我的影響下，我女兒也成為這樣性格的人，她很害怕被人催促，可能是因為我催促她的時候過多。一旦有什麼事情是她不能如期完成的，她就會非常著急。但是，在那個日期之前，她又是異常地拖延。

這些都是父母不良催促的一個結果。我明白，但是我感到很無力。

▌解析▐

發生在更年期的高血壓症狀，一般情況下傾向於用激素水準的降低來解釋情緒的不穩定性。我承認這有生理性的基礎，但同時我也想從心理學的角度去做一些解釋。

一般來說，青春期和更年期都是比較脆弱的時期。在青春期，生理上的逐漸成熟和心理上的幼稚導致一個人心理結構的相對脆弱，從而容易爆發規模和頻率都比較大的情緒問題。

而在更年期，一個人生理上的逐漸衰老，無論如何都是潛意識裡的一個恐懼和焦慮的根源，面對死亡這個想要無視但卻無法無視的事實，中年人開始為沒有實現的一些願望而焦慮起來。這個時候，生命的過往裡沒有解決掉的一些心理衝突，會在此刻重新活躍起來。我們知道更年期也是血壓、血脂以及血糖的不穩定時期，是容易罹患高血壓、高血脂和糖尿病的時期，尤其是血壓的忽高忽低，是這個時期一個容易發生的問題。

高血壓容易發生在性格急躁的人身上，性格急躁之人多半有一個性格同樣急躁的爸爸或媽媽。在孩子年幼的時候，他們喜歡用成人做事的速度和品質去要求孩子，這樣反覆的互動之後，孩子自然地形成對自己要求過高，害怕犯錯的性格特點，或者是反方向的「拖延症」性格。但

是，不論是急躁還是拖延，內心其實依然是著急，或者可以這樣說，拖延是急躁的反向形成或防禦機制，都是為了對抗那個總是強迫自己按照他的意志去行事的成人，而遺留下來的一個症狀。

高血壓是一種典型的身心疾病，高血壓的實質是焦慮，焦慮的實質是害怕犯錯，害怕犯錯的背後是會有嚴厲的懲罰。這種嚴厲的懲罰不一定是打罵，有時候，父母的一個不屑的眼神和重重嘆氣的聲音，都可能引發孩子的擔憂和焦慮。孩子很害怕父母對自己失望、孩子懼怕父母嚴厲的懲罰背後，是害怕失去父母對自己的愛與認可。

這樣一系列懼怕的背後，最終指向的是孩子對於失去父母的愛的恐懼，而在一個年幼的孩子那裡，父母的愛是孩子能夠正常生存的前提條件。所以，父母的愛等於生命的保持；而父母的愛的撤回，等於生的堪憂。

在更年期的時候，一個人本身就面臨著死亡恐懼的襲擊，再加上童年期沒有處理好的關於死亡恐懼的議題，所以，這兩者一旦結合，身心疾病就容易在這個階段出現。

在一個孩子的童年期，父母對待孩子的態度是嚴苛的、挑剔的，那麼，孩子就會內化這樣的超我，在父母不在自己身邊的時候，這個超我依然執行著這樣的功能，繼續監督他的一言一行。所以，童年期無法放鬆自己的孩子，成年以後依然無法放鬆自己。

在孩子年幼的時候，父母對孩子的一些精神虐待，會內化成為孩子今後對自己繼續實施精神虐待。在一個人的大腦裡，要分辨清楚哪些指令來自父母，哪些指令來自自己內化的父母的指令，從而形成屬於自己的人格特質，是不容易的。

更年期是生理上的一個特殊時期，更是心理上的一個特殊時期。生

理上的一個特殊時期，意味著我們的各項生理機能在退化，死亡恐懼是實實在在地侵襲到了我們的無意識。人在這樣的時刻，要說有多麼堅強的話，那也是意識層面的東西。跟隨而來的，是我們心理上沒有解決的問題，一股腦兒地在這樣長達 8 ～ 10 年的時間內影響著我們的情緒。那些由父母的指令內化而來的對自我的要求，在這個時期空前地活躍，更年期成為憂鬱症、焦慮症、情緒和軀體形式疾病以及身心疾病空前活躍的階段。

更年期容易出現心理問題的人，其實他的幼年和童年期以及青春期也談不上有很順利的發展。即便他的事業或者婚姻都很正常，甚至算偏好，但是，內在的空虛始終都是存在的。這些空虛感會在更年期來「算總帳」，出現一系列的焦慮、煩躁、不安、失眠以及身心系統的疾病。

▌心理因素是怎樣導致高血壓的？▌

心理學家曾做過一項實驗：他們設計了一個有機關的貓箱，貓箱裡有一根槓桿，與電源連接在一起。只要貓壓槓桿，就會出現可口的食物，但貓也會遭到一次電擊。因此，貓陷入了兩難的境地，既想要食物，又怕被電擊。所以，貓要猶豫很長時間才會去壓槓桿。在長時間的矛盾糾結心理下，貓出現了「高血壓」症狀。

如果人們長時間處於緊迫狀態和緊張壓力之下，血壓就會上升。當我們感到恐懼、慌張、激動和憤怒時，心臟就會「怦怦」直跳，呼吸急促，臉色發紅。這時如果測一下血壓，必然會比平時高。所以，高血壓的症狀與心理因素存在密切的關係。那麼，心理因素是如何催生高血壓的呢？

　　消極的心理刺激會觸發高強度、長時間的緊張情緒，從而導致大腦皮層的興奮與抑制過程發生紊亂，大腦神經正常的調節功能失去平衡，引起皮質下血管舒縮中樞功能障礙和交感神經系統過於興奮，血管收縮性興奮衝動居於優勢地位，導致身體各部位小動脈痙攣，外周血管阻力加大，血壓上升。

　　從人格特徵的角度來看，高血壓患者普遍具有拘謹、好勝心強等個性熱症，也就是 A 型性格。患者容易激動，行為具有衝動性，有強迫性傾向；心理壓抑，對外界有敵意，具有攻擊性。高血壓患者的內心往往是非常兩難的，他們敵視其他人，又要極力壓抑自己的敵意和攻擊性。

▌諮商心理師的建議▐

✎ 改變爭強好勝的性格，學會接納不那麼完美的自己和不那麼完美的人生。

✎ 遇到壓力事件的時候，學會從事件對自己的影響中暫時地「逃離」一下，不要完全地「嵌入」事件對自己的影響之中。

✎ 每天做幾次深呼吸，可以有效降低血壓。

✎ 學會用語言表達對別人的憤怒，不要長期壓抑自己的憤怒，不要試圖做一個老好人。

✎ 對於某件事情的焦慮，要學會問自己：這件事情如果沒做好，最壞的結果是什麼？我能夠承受這個結果嗎？如果回答是「能」，那麼可以降低自己的焦慮和血壓；如果不能，那麼可以問自己，還有其他的解決方案嗎？

後記：
親子互動和心理異常之間的關係

1

在導致心理異常的原因分析中，通常涉及遺傳、個體氣質、生理素質、環境、家庭因素、成長經歷等等。

而在本書中，我們幾乎是排除了其他的因素，只把關注的重點放在親子互動的模式所導致的一個人的心理異常上，也就是包括一個人成長的環境、家庭因素、成長經歷等等。

這是因為，其他的許多因素其實都是不可控的，只有親子互動這一項，透過我這本書所要表達的內容，能夠使一部分的家長在和孩子的互動模式上有所意識，並有所調整，然後達到減少精神異常的發生率的目的。

關於遺傳這個導致精神異常的因素，其實參考價值並不大，在那些精神異常的患者兩系三代的親屬中，有沒有精神異常的歷史，並不能必然地決定這個人的好轉和預後。

在那些沒有遺傳因素的兩系三代家族史的患者身上，我看到，他們的撫養者的精神問題照樣是堪憂的。有許多精神問題，隱藏在人格障礙或者嚴重的人格障礙患者身上。但是，因為人格障礙患者的病症只是表現為和環境中的他人的衝突，他們中大多數是自我協調的，也就是說，他們並不覺得自己有什麼問題，社會功能也是很正常的，或者基本正常的。在這樣的情況下，在調查兩系三代的家族史過程中，這類的撫養者是沒有陽性症狀的。

後記：親子互動和心理異常之間的關係

所以，我們可以換一個角度去看遺傳，這個角度就是關於生理上的遺傳和心理上的遺傳。

以前我們關注的是生理上的遺傳，並且，一個人的精神異常只要是涉及生理上的遺傳，我們就會對他的治療效果以及預後都感到堪憂，彷彿那是一個帶著神祕基因決定宿命的患者，我們能為他做的實在是有限的一樣。

其實，有沒有生理上的遺傳，實在是一個不好界定的問題；有沒有心理上的遺傳，才是一個我們可以去探索的話題。

因為，從根本上說，凡是精神異常的患者，他的兩系三代裡面，必然有一個或一個以上的精神異常的人，只是這個人有沒有被診斷出來而已。

所以，關於遺傳這個話題，最後還是得回歸到親子互動裡面去，因為在一個人的兩系三代的親屬裡面，如果有精神異常的親屬，比如那個人是爺爺，那麼，那個人的爸爸一般也會「中招」；爸爸的精神有問題，孩子的精神出現異常的機率，幾乎是同樣的高。

精神分析是一門專門研究母嬰互動導致一個人的人格發展走向的學問，在這方面，精神分析已經走到目前為止的人類科學在這個領域都無法企及的高度。在精神分析的理論中，「製造」一個精神異常的人，至少需要三代人的「努力」，也就是說，這個患者上面三代中的某一系，甚至是兩系，在精神上都是有問題的。

我以前在醫院工作的時候，曾經為精神疾病患者的家長開了許多家長課程。在這個課程中，我會傳遞給他們這樣一些理念：

不要去相信遺傳這回事，如果你實在要相信，就相信所有的精神疾病都是互動模式的遺傳吧！因為一個帶「病」的互動模式，在一個人沒

有深刻的反思以及改變之前，是確鑿無疑地會「遺傳」下去的。

比如一個媽媽是習慣性地喜歡貶低孩子的，那麼，她的孩子幾乎無一例外地喜歡去貶低別人，或者極度地懼怕自己被貶低；除此以外，其他諸如家暴、冷戰、隔離、退縮、性急、喜歡催促等人際模式，都具有很高的「遺傳」性。有時候，你會看到孩子因為在年幼時候不喜歡被父母那樣對待，所以長大以後，絕不那樣對待自己的孩子。但是，他對待孩子的方式裡面，卻會用一種象徵性的別的方式，來表達他對孩子的情緒，而那種象徵性的方式和當年父母對待他的方式，實質上是一樣的。所以，人到中年以後，一個人在他的人際環境中，和別人的互動模式會越來越和他的父母相似。「長著長著，我就變成了你……」

所以，病態的互動模式就是這樣一代一代地被「複製」。

所以，哪一個精神異常的人，沒有一個精神異常的撫養者呢？

從這個角度去看，患者有沒有家族史，是需要去問的嗎？患者的遺傳因素，是需要去排除的嗎？

2

精神分析語境下的媽媽，是一種象徵性的含義，並不僅僅指媽媽，而是指孩子的主要撫養者。廣義來說，指一切執行媽媽功能的人。比如媽媽、爸爸，爺爺、奶奶，外公、外婆，保母、幼稚園和學校的老師，甚至一個喜歡照顧和管教自己的同學，在某些時候，甚至可以囊括某種侵入性的社會教化……

媽媽對孩子的影響為什麼那麼大呢？或者說，為什麼一個人早期的心理成長環境，對他後來的人格影響可以那麼大呢？

這是因為，在嬰兒最脆弱無助的年齡階段，為他提供活下來的心理資源和生理資源的人都是媽媽，孩子的生存都仰賴於媽媽。媽媽對孩子

後記：親子互動和心理異常之間的關係

的重要性，是不言而喻的。

在孩子 1 歲以前，媽媽和孩子基本上是 24 小時不分離的，這個階段的嬰兒經過了他人格成長的好幾個階段，比如自閉期（autism）、共生期（symbiosis）、分離－個體化時期（separation-individuation）。這幾個時期都是嬰兒心理發育成長的關鍵期，媽媽是怎樣對待這個嬰兒的，或者說，他們的互動模式是怎樣的，已經為這個孩子未來的人格勾勒出一個基本的雛形了。

比如：媽媽對孩子是愛的，全神貫注的，溫柔的，那麼，這個孩子就是幸運的，他就可以形成「我在這個世界上是重要的，別人都會喜歡我」的核心信念。帶著這樣的核心信念，他在未來和別人的相處就不會有太大的問題，因為他相信別人是接納他的。所以他帶著自信來到別人面前，可以對別人主動示好，進入隨後變成朋友的過程。他不會計較在關係中是誰主動還是誰被動，也不會因為自己主動發出一個邀請，產生「萬一被拒絕了，我多沒有面子」的擔憂和害怕。

反過來，如果媽媽對孩子是不太喜歡的，或者因為孩子的哭鬧而不勝其煩的，打孩子或者不理睬孩子，或者對待孩子心不在焉，無法把孩子當作一個獨立的人來看待，這個孩子就會形成「這個世界有點危險，因為媽媽這樣一個最親近的人都想害我」、「我是不重要的，沒有人會喜歡我」這樣一些核心信念。這樣的核心信念形成以後，他對人是不信任的，對這個世界是防禦的，他不相信自己是值得被愛的。別人對他表示友好，他也會把那個訊息看成是別人一定有什麼陰謀，或者是有求於他；別人的一句話，他可能理解為是別人在瞧不起他；別人正常的臉色，他會理解為是對他不滿意。然後，要麼報復，要麼討好。總之，在人際關係之中，他如同一隻隨時提防著什麼的老鼠，隨時都是忐忑不安

的。要麼過度防禦，要麼退縮躲避。

所以，媽媽和孩子互動的第一年，基本上就形成了孩子和這個世界上其他人互動模式的「原始版本」了，後面要改變，其實很困難。

365天，對一個成年人來說，是「嗖」的一下就過去的日子，而對一個嬰兒來說，卻是十分「煎熬」的日子。這段日子，基本是掙扎在生死存亡線上的日子。

在很小的嬰兒那裡，對這個世界充滿了未知的恐懼，媽媽的愛是在一步一步打消嬰兒的恐懼，讓他知道，他發出的請求，媽媽都能夠準確地識別並且回應，這個世界是歡迎他來的，沒有危險。而在給不出恰當的愛的媽媽那裡，嬰兒感受到的是，這個世界好像沒有多少溫度，我感覺不到溫暖的東西，好像沒有人歡迎我來到這個世界，我不知道我還能不能存活下來……

在蘇利文（Harry Stack Sullivan）的一項研究中，那些被送到育幼院的孩子，儘管在生理上得到了正常的照顧，但是，因為頻繁更換保育員，嬰兒的死亡率就很高。

可見，在嬰兒的第一年，嬰兒需要得到的絕不僅僅是生理上的照顧，他更需要的是心理上的滿足。

第一年的母嬰互動的品質，形成了這個孩子怎麼去看待世界的原始範本，後來能夠修正的地方實在是有限。這一年，是孩子發展的關鍵期，在關鍵期裡，媽媽和孩子互動中的元素，塑造著這個孩子人格的基本雛形。孩子人格發展歷程中後來遇到的事情的影響，都抵不過這段時間的影響。

一個人的人格是在和別人互動的過程中形成的，而第一年，是孩子的人格還處在沒有核心東西的時候。有人說，是一張白紙的時候。而媽

後記：親子互動和心理異常之間的關係

媽又幾乎是和孩子 24 小時在一起，沒有一個機會，可以像在嬰兒的第一年這樣，媽媽的力量可以全部地浸染在他們相處的日日夜夜中，在這些日日夜夜中，媽媽有機會在這張白紙上描繪出這個孩子未來人格的基本雛形。

當然，隨後的第二年和第三年，在孩子人格的發展中，同樣是重要的。孩子在這個階段，會經歷人格形成的幾個敏感期。

3 歲以後，一個人的人格就基本形成了，所以，諺語說的「三歲看大，七歲看老」，其實是一句很有精神分析味道的話。後來發生的帶有創傷體驗的感受，大部分是對 3 歲以前沒有解決的創傷情景和感受的「啟動」。

當然，按照終生發展觀，一個人的人格是有無數次發展和修正的機會的，但是，我只能說，你得花超過前 3 年幾倍到 10 倍的時間和精力，才有可能撼動你人格中的一小部分。當然，這個工作只能你來做，你父母已經做不了了。

所以，母嬰互動模式究竟有多麼重要，我們再怎麼高估也是不過分的。

所以，做一個基本合格的父母有多重要，我們再怎麼高估也是不過分的。

所以，做一個父母不容易，我們必須去學習一些重要的母嬰互動的知識，這也是我們再怎麼高估都不過分的。

3

所以，我選取了這樣 20 多個個案，來呈現母子互動模式和精神異常的某種關係。當然我也不否認某個具體的個案身上，導致精神異常的還有許多其他因素，但是，由於我的視角更想從這個角度去看問題，所

以，我大部分還是在努力地還原個案背後病態的母子互動模式所導致的精神異常。

而且，在一個孩子 1 歲的時候，是哪種性格的媽媽；在孩子 3 歲、10 歲、20 歲以後，在沒有重大事件的發生或者轉折，在沒有心理干預的前提下，媽媽的性格基本上還會是那個樣子。所以，一個對孩子會造成創傷的媽媽，在孩子的一生中都會持續地傷害這個孩子。這一點，在我的臨床實踐裡是屢見不鮮的。

其實，寫媽媽對孩子的傷害，是一件有點冒險的事情，因為這會讓許多人在情感上接受不了。天下沒有不愛孩子的媽媽，我們已經為了這個孩子付出了畢生的心血，妳還來指責我們做得不好……

其實，即便是寫出這些，我也不否認媽媽（撫養者）對孩子是有很深沉的愛。問題只是，你給孩子的愛，是能讓他感受到愛的那種愛嗎？你給他的，是他想要的嗎？還是說你只給出你認為是愛的東西，孩子真正想要的東西，你從來沒有看見過？

愛是有品質的，給不出來高品質的愛，那是因為父母也沒有得到過。溺愛並不是高品質的愛。

探討母子互動模式和精神異常的關係，常常會讓撫養者感覺到自己在被指責。其實，我心中很清楚，他們之所以這樣對待孩子，因為他們自己也是自己的撫養者病態互動模式的受害者。如果追溯源頭，就不太好說了。所以我這樣寫，只是希望把精神異常的源頭切斷在某一代，在開始反思母子互動和精神異常關係的媽媽身上。

當然，既然用到受害者這樣的詞彙，那就一定有加害者。父母只要一不小心，都可能成為我們的加害者，那麼我們在這個人世間，還有精神上的立錐之地嗎？

後記：親子互動和心理異常之間的關係

　　這個問題是不言而喻的，這些孩子的精神異常的現象，就是對加害者的一個回應。只是這個原始的加害者不好追蹤，所以才一代一代遺傳下來，每個人都既是加害者，又是受害者。所以，對某一個人的指責變得毫無意義。因此，也希望讀者不要曲解我的這本書中試圖傳遞的核心理念。

4

　　在一些團體心理成長小組活動中，常常可以見到這樣的現象：一個成員在表達媽媽對自己的傷害，然後，其他幾個成員也開始分享媽媽對自己的傷害。其中的一個或者兩個新成員，聽到這樣集體的另類控訴的時候，常常把眼睛瞪得溜圓，一副驚奇的樣子，隨後，他會表達說，我不覺得媽媽會傷害自己的孩子，媽媽都是愛孩子的，你們這樣說，我接受不了⋯⋯

　　他的的說法的確代表了大眾對於這個問題的看法，但是，社會發展到今天，在層出不窮的精神異常的孩子裡面，也有相當一部分人開始反思在媽媽和孩子的互動中，媽媽對孩子造成的傷害和精神異常的關係的問題了。

　　我們的集體潛意識之中，只願意看到媽媽愛我們的那個部分，不想去看到媽媽傷害我們的那個部分，是因為一個感受到被媽媽愛的孩子，他自己就是可愛的、有價值的；一個感覺到不被媽媽所愛的孩子，他內心是淒涼的、悽惶無著落的，他是不可愛的、沒有價值的，甚至，他的存在都是可疑的。

　　所以，否定媽媽對我們的愛，相當於否定我們在這個人世間存在的意義。因此，一個人哪裡肯放棄這個被媽媽愛的幻想呢？

　　其實，媽媽也是一個人，一個比孩子大 20 多歲或者 30 多歲的人，媽媽也有自己的性格、脾氣、情緒。在兩個成年人相處的過程中，都存在著傷害和被傷害的可能性，何況媽媽天然地占據著孩子撫養者的角

色，孩子在那麼幼小的情況下，什麼都得依賴著媽媽。所以，媽媽自身的人格特點，決定了她如何去對待孩子以及會不會傷害孩子。

在那些覺醒過來的人之中，可以做到比較整合地看待媽媽對他有愛，但是也有傷害，因為沒有完美的媽媽，無論做得多麼好的媽媽，都可能在無心的情況下，傷害到孩子的一些感情。而且，不大的傷害，反而可以促使孩子成長，明白媽媽和他是兩個人，不是一個人，他需要和媽媽分離，才能完成一些自己獨立成長的任務。

所以，完全強調媽媽對孩子的愛，而不想去看到媽媽對孩子的傷害，是在把媽媽神化，也是把自己的存在神化。這樣做並不利於我們看到孩子的精神異常和不良的母子互動之間的關係，遮罩了我們去思索在孩子的人格發展中發揮最重要作用的主要撫養者的意義。

5

在寫這部書稿的時候，書名是已經定好的。

其實，我對「變態心理」這個名字一直是覺得不妥的，在這個行業裡待久了的人，心裡可能都清楚，這個世界上，每個人在他人生的不同階段，都可能會罹患某種精神疾病，沒有完全健康的人存在。心理上的疾病和生理上的疾病一樣普遍。

那麼，為什麼要把那些有心理疾病的人劃入到「變態」這樣的詞彙下呢？既然正常與異常只是一個階段性的區分，正常與異常也沒有截然的分界，我們每個人都會有那樣的一個臨界點，為什麼一旦過了這個臨界點，人就從正常到「變態」那邊去了呢？

所以，有學者提出，把「變態心理學」改為「異常心理學」。但是，總是在最後成書的時候，發現這個名詞已經沿用了太多年，一旦改動，反而會引發更多的問題出來。

後記：親子互動和心理異常之間的關係

那麼，我也尊重這樣的歷史沿革，但是我要表明我的態度。

我在內心裡，尊重一切精神患者，尊重他們在一定的社會文化下，因為對現實的不適應所導致的一系列症狀。

因為，從根本上來說，他們就是我們，我們就是他們。

6

接下來談談我對心理疾病的看法。

有些人說，來做心理諮商的人都是有病的，那麼，沒有來做心理諮商的人，心理上就沒有病了嗎？

心理上的疾病和身體上的疾病不太一樣。身體上的疾病，你是有感知的，而心理上的疾病，你常常缺乏相應的感知，有些人一輩子過完了，到死都不知道自己是某種心理疾病的患者。有人說，這不是很好嗎？都不知道自己得了什麼心理疾病就死了。那是因為他們不了解，許多心理疾病都是透過身體上的疾病去表達和呈現的，心理上有病的人，很容易軀體化。

所以，醫院裡那麼多的人，也許就是某種心理疾病患者，只是他們自己不知道而已。

一個心理有問題的人，儘管他自己不知道，但是，還有一種表達和呈現方式就是，他很難獲得一段他自己滿意，別人也滿意的關係。也就是說，他的人際關係總是有問題的。

那些莫名其妙總是一再遭遇離婚的人；那些待在幸福的關係中，卻總是感覺到自己無法安然地享受親密關係的人；那些不斷要去破壞別人關係的人⋯⋯這些人很可能就是某種心理疾病的患者。

所以，很多人都是這樣，不知道自己罹患了某種心理疾病，但就是覺得生活裡一路跌跌撞撞，親密關係裡總是荊棘遍布，日子怎麼過都不順心⋯⋯

朱德庸到 50 多歲才知道自己得了亞斯伯格症（Asperger syndrome, AS），這麼嚴重的一種心理疾病，竟然是到 50 多歲才知道的。三毛 40 多歲自殺的時候據說是因為憂鬱症，但是，在這之前她知道自己的心理疾病嗎？川端康成、海明威、梵谷、張國榮……很多作家和藝術家都是某種慢性的心理疾病患者，還有許多政治家，看起來社會功能很強大的人，依然是嚴重的類似思覺失調或者人格障礙的人。

所以，在正常和異常之間，並沒有一個截然的區分，很多正常生活和工作的人，有可能就是一個人格障礙患者；一些有明顯的精神異常的人，也能夠取得斐然的成就。還有，即便是同一個人，有時候是正常的，有些時候就是出了問題的。

那些出了心理問題的人，就是我們社會痼疾的一個呈現，他們比我們的適應能力要差一些，所以由他們來呈現社會裡面的問題。他們很可能是我們共同的心靈家園裡的一個縮影，他們呈現給我們的，也正是我們自己同樣可以感同身受的那個部分。

所以，要尊重他們的疾病，尊重他們的痛苦，因為他們的痛苦不僅僅是屬於他們個人的。

透過他們，我們必將看到我們自己。透過他們，我們必將更深刻地認識自己。

這個世界上，從來沒有完美的父母的養育，所以也不可能有心靈世界總是能夠保持穩定和統一的人。從某種意義上說，我們都是在心靈的殘缺碎片上組裝我們的生命拼圖的藝術家，我們拚命想把這幅圖組裝得更完整一些，功能更強大一些，讓我們的人生可以更幸福愉悅地度過。但是，失敗的時候總是有的，猝不及防的時候也總是有的，不是嗎？

後記：親子互動和心理異常之間的關係

7

　　本書中的個案，大部分是我自己做的個案，也有小部分不是我做過的個案，但是書中解析部分的寫作者，統一用「我」來指代諮商師。這一點特別說明一下。

　　大部分個案，諮商次數都是好幾十次，甚至上百次的也有，所以他們的原始紀錄都有幾萬字甚至幾十萬字，但是因為成書要求，要盡量把各種病例都收集齊全，所以安排到每個病例的字數有限。於是，就從那麼多字數的原始紀錄裡刪除了大量的內容，只剩下這些少數的內容，如果有機會，以後我還想對個別個案做一個更深入而全面的呈現。

　　在寫作之前，我都徵求了個案本人的同意，但是，極少數個案，由於接觸他的時間在很久以前，失去了聯絡方式，所以沒有辦法聯絡到他本人。對於這類個案，在細節上，我都做了大量的改編。其他個案，雖然徵得了本人的同意，但是在涉及他的重要資訊的地方，我還是做了修改。所有個案都是化名。

　　本書成書倉促，再加上本人能力有限，錯誤之處在所難免。我寫作的目的在於拋磚引玉，希望和同行對書中涉及的個案有互相討論的機會。在此，先行謝過。

刁慶紅

變態心理實錄（妄想形成篇）：

思覺失調 × 雙相障礙 × 憂鬱症 × 焦慮障礙，24 則諮商手記，原生家庭如何「虐」出一個個生病的孩子？

作　　　者：刁慶紅

組　　　編：京師博仁

責 任 編 輯：高惠娟

發　行　人：黃振庭

出　版　者：樂律文化事業有限公司

發　行　者：崧博出版事業有限公司

E - m a i l：sonbookservice@gmail.com

粉　絲　頁：https://www.facebook.com/sonbookss/

網　　　址：https://sonbook.net/

地　　　址：台北市中正區重慶南路一段 61 號 8 樓

8F., No.61, Sec. 1, Chongqing S. Rd., Zhongzheng Dist., Taipei City 100, Taiwan

電　　　話：(02)2370-3310

傳　　　真：(02)2388-1990

律 師 顧 問：廣華律師事務所 張珮琦律師

定　　　價：375 元

發 行 日 期：2024 年 07 月第一版

◎本書以 POD 印製

Design Assets from Freepik.com

國家圖書館出版品預行編目資料

變態心理實錄（妄想形成篇）：思覺失調 × 雙相障礙 × 憂鬱症 × 焦慮障礙，24 則諮商手記，原生家庭如何「虐」出一個個生病的孩子？ / 刁慶紅 著 . 京師博仁 組編 -- 第一版 . -- 臺北市：樂律文化事業有限公司 , 2024.07

面；　公分

POD 版

ISBN 978-626-98810-5-5(平裝)

1.CST: 臨床心理學 2.CST: 精神分析 3.CST: 個案研究

178　　　113009885

電子書購買

爽讀 APP

臉書